那些日子，我们一起走过

一位名师工作室主持人策划的39次教研活动

康黎 ◎著

民主与建设出版社

·北京·

© 民主与建设出版社，2019

图书在版编目（CIP）数据

那些日子，我们一起走过：一位名师工作室主持人
策划的39次教研活动 / 康黎著. — 北京：民主与建设
出版社，2019.11
ISBN 978-7-5139-2787-1

Ⅰ.①那… Ⅱ.①康… Ⅲ.①中小学—教学研究
Ⅳ.①G632.0

中国版本图书馆CIP数据核字（2019）第239211号

那些日子，我们一起走过：一位名师工作室主持人策划的39次教研活动
NAXIE RIZI WOMEN YIQI ZOUGUO YIWEI MINGSHI GONGZUOSHI ZHUCHIREN CEHUA DE 39CI JIAOYAN HUODONG

出 版 人	李声笑
著　者	康黎
责任编辑	刘　芳
封面设计	姜　龙
出版发行	民主与建设出版社有限责任公司
电　话	（010）59417747　59419778
社　址	北京市海淀区西三环中路10号望海楼E座7层
邮　编	100142
印　刷	北京虎彩文化传播有限公司
版　次	2022年6月第1版
印　次	2022年6月第1次印刷
开　本	710 毫米 × 1000 毫米　　1/16
印　张	12.25
字　数	221千字
书　号	ISBN 978-7-5139-2787-1
定　价	45.00 元

注：如有印、装质量问题，请与出版社联系。

谨以此书献给

与我一起学习、研究的名师工作室的小伙伴们和我自己

一路相伴，一路芬芳

序言

人说，人生最幸福的事情之一莫过于从事了一份自己非常喜欢的职业，我就是这样的人！我从小就想做一名教师，长大了如愿以偿做了老师。也有人问我：如果可以选择，你将来还会选择做老师吗？我笑笑，当然会。我喜欢在课堂上与学生交流的时刻，喜欢研究课堂上用不同的表达方式来引发学生不同反应，更喜欢那一张张纯真烂漫的笑脸。我痴迷于研究怎样设计课、怎样上好课。但是，做课堂研究是一件非常枯燥的事情，有时候，找不到解决问题的办法，你会很沮丧，不知道该怎么走下去。

在我研究教育教学最迷茫的时候，有幸遇见了两位教育界的大师，是他们引领我找到了走出课堂教研迷宫的出口，让我明白，一个人的力量是有限的，但团队的力量可以帮助我走得很远很远。其中的一位是小学数学著名特级教师黄爱华。当时，黄爱华老师成立了深圳市福田区第一个特级教师工作室，正在招募工作室成员，当我知道这个消息的时候，我非常激动，马上行动参加申报和面试。我非常幸运地成了黄爱华特级教师工作室的一名成员，我非常珍惜和怀念那段与一群志同道合的伙伴们一起度过的青春岁月。在那里，我结识了很多对教学研究有兴趣的老师，大家一起磨课，一起为了上好一节课而反复讨论，三年的教研时光，让我慢慢地懂得了一节好课该具备哪些元素，懂得了教学艺术在一节好课中起到什么样的作用，更懂得了携手前行的力量多么强大。另一位，就是手把手教会我怎么做调查问卷；怎么写调研报告；怎么把自己所做的事情进行提炼、提升，成为可以让别人知道的文字；怎么把身边志同道合的人用教育情怀捆绑在一起成为前进力量的著名特级教师、正高级教师张玉彬。张玉彬老师是我非常敬佩和尊重的一位老师，从他的身上我看到了一个真正的研究者的形象：专业、较真、忘我。在深圳市张玉彬教育科研专家工作室三年的教研时光更教会了我如何做一个心中有他人、愿为他人搭梯子的人。六年不间断地参与工作室学习研究的经历在思想上和行动上重新塑造了我，也点醒了我。我也想通过这种建立学习共同体的方式，带领着一群有共同教育理想的伙伴从事这件幸福的事情。

2017年1月，经过个人申报、资格审查、业绩能力评分、现场答辩几轮艰难的角逐，康黎小学数学名师工作室终于成立了。知道有了以自己的名字命名的工作室的那一刻，我很高兴！但随之而来的却是一种不可名状的巨大压力：我能带好这个以科研为主要行动内容的团队吗？我的个人能力能在团队中起到引领和示范作用吗？我带领的这个团队未来真的能在福田教育中起到辐射作用吗？等等。无数个问题萦绕在我脑海之中，不知道如何下手。这时，我的导师张玉彬老师告诉我："这有什么不知道从哪里下手的？先把工作室成员找好了，把团队建立起来，你自然就会慢慢知道怎么做了。"所以，康黎小学数学名师工作室的故事是从招兵买马开始的，让我没有想到的是这个故事被我们这群热爱教育的伙伴演绎得如此精彩……

三年的时光，转瞬即逝，多少美好，多少共同携手走过的日子，深深地印在我的脑中、心里，成为我此生最美的记忆片段。那段日子里有欢笑、有煎熬、有兴奋，也有挫败。但不知疲倦地投入到某一件自己觉得值得的事情的研究和探讨之中，我想过程永远比结果精彩。在共同度过的一千多个日子里，作为工作室的主持人，我每天都把工作室的建设和发展、把工作室伙伴们的成长和进步放在心上，随时随地思考，这已成为我生活的一部分。我把工作室的每一次活动都当作一次主题教研活动来做，渐渐地我发现——有目标的行动总是充满了惊喜、期待与收获的成功感。于是，每次活动结束后我都把它们写下来，有时候也会回过头再去咀嚼思考，总是想让每次活动少些遗憾。如今，我把这些文字整合在一起，写成了这本记录整个过程的书，这既是对工作室活动的记录，也是对自己带领的这个意气风发、充满活力的教研团队的行动、感悟、收获和成长的纪念。愿我和工作室的伙伴们在教研之旅中，一路携手，走向远方；愿在教育探索之路上，我们永远保持初心，无怨无悔！

康黎

2019年5月

目 录

第四篇
实践与思考

第五篇
余香与幸福

第六篇
成果与成长

1

约定与坚守

在我看来，一个团队的良性发展，不仅要靠工作室主持人的专业魅力的影响，而且要靠团队全体成员都认同的管理制度的约束和队员之间的互助和谐。管理一个团队不容易。作为一位名师工作室主持人，我既要带领大家在专业上磨砺自我，在专业道路上走稳走好，又要为创造一个和谐友爱的家庭氛围而想点子、找办法。团队文化需要我和小伙伴们一起努力去建设。在工作室创立之初我思考最多的问题就是：要引领小伙伴们走上一条怎样的教研成长之路呢？该给小伙伴们搭建起怎样的上升平台呢？如何让小伙伴们建立起相互支持、相互协助的团队氛围呢？这时，我想到了自己专业成长的历程。还记得，我曾先后两次在市、区级教育科研专家工作室学习。在学习期间，我跟随团队积极参与教育公益活动，曾十余次前往广东河源林寨中心、惠州市惠阳区镇隆镇小学、贵州龙里、罗甸县各小学、江西、新疆喀什等地任教或支教。在公益路上，我深深体会到了自己作为一名优秀教师的价值。能为偏远山区或者荒凉大漠里的孩子和老师们带去我的智慧课堂和点滴教学体验，是为人师者的荣耀！这种幸福感也促使我不断学习、不断自我完善、不辍地追求专业水平的提升，可以说，教育公益路上的成就感促使我成为教研道路上无怨无悔的跋涉者。所以，自工作室成立后，"公益教学之路"就成了我们团队文化建设的一条非常清晰的主线，我要带领团队的小伙伴们一起做有情怀、有温度、有大爱的优秀教育人。我想，"公益教学"会让我们的教研活动更有意义，会让我们的教研辐射行动更有意义，会让我们的坚守与约定更有意义，也会让我们的内在修养更具有方向。一位好的教师，一定怀有一颗慈悲之心，我真心地希望我带领的这个团队也能有这样的特质。为了这个目标的早日实现，我与小伙伴们做好了准备，更做好了在实现目标的过程中自我约束、自我成长的约定。我把工作室团队文化建设融入每一次主题活动，让大家在活动中感悟约定、体会坚守、增进友爱、修炼德行。

在这里，我想要与读者朋友们分享的是：在这三年里我们工作室的小伙伴们共同约定了什么，坚守了什么。这既是我们的幸福，也是我们的信仰。

教研活动 ①

共同规划，我们坚定地在一起

设计缘由

我到底将会与怎样的一群人荣辱与共、风雨兼程、一起携手走过这不同寻常的三年工作室研究时光呢？我很期待，也很忐忑。主要是这群人现在还是未知的，看不到，抓不住。按照工作室管理规定，名师工作室的成员构成除了主持人外还可以再选12名成员，成员在全区学校范围内进行遴选，遴选方式是学校推荐及自荐。在选择之前我已经想好了，这12个人当中应该有女教师，也应该有男教师，这样比较符合团队作战性别搭配学；这12个人当中应该有擅长课堂教学的、有擅长文字总结的、有擅长课题研究的、有擅长文艺宣传的，这样做起事情来就不愁没有亮点；这12个人所教的年级应该涉及小学6年的不同学段，最好是不同年级；这12个人最好在性格、气质上是不同的，这样我们的团队氛围会更加活跃、多元化。当然，这是我的想法。

工作室招收成员的真正状况并不是我想象的那样。区教科院把我的个人简介和研究方向以文件的形式下发给各学校，然后由各学校里有意愿参与的教师自由报名，报名表的格式是统一的，并没有提到我前面想到的那些因素。

我的邮箱里很快收到了13位教师的报名表，参与报名的这些教师我基本上都不认识，更不熟悉他们的教学能力、性格特点等情况，从表格中能了解到的就是他们曾经获奖和发表文章的情况。我从中选择了12位作为我定下来的人选，然后给没有选中的一位教师打电话，感谢她参与报名，抱歉没有机会合作。剩下的时间，我把主要精力放到了那留下来的12位成员的身上，这12个人中有男有女是值得我高兴的，其他的，就只能用时间来慢慢了解了。

我第一时间给他们逐个打电话，通知他们如果没有特殊情况，我们将一起来完成三年的工作室研究活动。我很激动，跟每个人说话都带着激情和对未来的向往，我仿佛看到了一个团结、和谐、奋斗的团队正行进在教学研究的道路上，快步向前。

为了在最短时间内了解每个人的情况，我以最快的速度与他们建立起来联系，建立了我们工作室的QQ群和微信群，这两个群日后成为我们开展各种研讨活动的交流平台。通过这个交流平台，在彼此未见面之前我发布了工作室的第一个团队主题活动：制定康黎小学数学名师工作室成员专业发展三年规划书。

活动目的

1. 了解所有成员对自己的教育教学规划、对基础教育教学的理解。

2. 促进成员间彼此了解，帮助他们快速融入团队。

3. 了解每个人对自己职业发展方向的具体预期，以便为他们有针对性地设计成长计划，提供有效成长的平台。

活动内容

1. 填写康黎小学数学名师工作室成员三年发展规划。

2. 分享成员的三年发展规划，彼此借鉴，相互学习。

3. 分享工作室三年发展规划。

活动效果

（一）制定了工作室成员三年发展规划书，明确个人成长方向

福田区康黎小学数学名师工作室成员发展三年规划书（2017—2018学年度、2018—2019学年度、2019—2020学年度）。

表1　个人基本概况

姓名		性别		出生年月		相片
现从事教学学科		年限		担任职务		
何时何院校何专业毕业				学历（学位）		
现有职称及取得时间				工作单位		
工作简历						
获荣誉称号或奖励						

表2 2017—2020学年度专业发展目标设定

请根据自己的实际情况，从下列选项中选择适合自己的发展目标（一项或几项），或在空格内填写自己确定的其他发展目标，然后在相应的（ ）中打"√"。

1. 荣誉类

A1 广东省特级教师 （ ）
A2 南粤优秀教师 （ ）
A3 广东省骨干教师培养对象 （ ）
A4 广东省名师工作室主持人 （ ）
B1 深圳市优秀教师 （ ）
B2 深圳市学科带头人 （ ）
B3 深圳市骨干教师 （ ）
C1 福田区优秀教师 （ ）
C2 福田区骨干教师 （ ）
C3 福田区名师工作室主持人 （ ）

2. 专业技术资格类

D1 正高级教师资格 （ ）
D2 副高级教师资格 （ ）
D3 中级教师资格 （ ）

3. 行政职务类

E1 校级领导 （ ）
E2 中层领导 （ ）
E1 教研组长（年级组长） （ ）

4. 自我设定类（填写上述三类之外的目标）：

表3 2017—2020学年度目标分解

学年度	2017—2018	2018—2019	2019—2020
学历提升			
教学成绩			
公开课			
讲座			
教学竞赛			
论文发表或获奖			
课题研究			
专业进修（培训）			
指导青年教师			
其他			
现状分析	外部环境分析（对学校和学校以外环境进行评估）		

自我分析（个人目前状况和发展潜能）	
存在的差距和解决措施	

备注：①"教学成绩"指学生的发展和进步，包括学科成绩和竞赛获奖等内容。

②"公开课""讲座"要求指明大致时间、内容、听讲对象和范围。

③"教学竞赛"要求指明内容以及期望奖次。

④"课题研究"要注明是某级某课题的主持人、核心组成员、子课题主持人或一般参与者。

⑤"论文发表或获奖"要说明拟发表的论文题目、刊物名称或拟获奖的评审机构与获奖等级。

（二）快速了解组员的基本情况，为未来分工合作做好准备

各位成员的"个人三年发展规划书"很快就回收了，我把它们放到工作室的群里进行了分享。从每个人的发展计划中，我看到了他们对个人未来的不同定位与追求，其中有人想在课堂教学水平上更上一层楼，并且写明了自己的阶段奋斗目标；有人想在教育教学管理岗位上进行一些尝试，最终通过管理帮助到更多的教师一起进步发展；有人想通过专业职称的升级来体现自己的专业研究价值；还有人则出于对教育职业的热爱与尊重，坚持不断地学习，表达了终身学习的愿望，这一点让我非常敬佩。最让我感动的是，从这些规划的字里行间，我看到了工作室的每个成员都意气风发，目标明确，他们每个人的心中都有着作为教师的教育理想。这与六年前的我又是何其相像？一份工作室成员"个人的三年发展规划书"拉近了我和12位成员的距离，因为我们都有一个共同的心愿，那就是，为了心中的教育理想而努力。这也让我的一颗心放了下来，我知道了，这样的一群人未来将与我风雨同舟，结伴同行，共赴教育课改的一场盛大约会。

活动感悟

　　拥有共同教育理想和为之努力奋斗的坚持是团队建设中最为重要的元素，它决定着哪些人会跟着团队一起走下去。每一个团队的领头人都要做到心中有数，团队里的每个人也要坚定自己的选择。

简报节选

我们坚定地在一起

　　随着福田区深化教学方式的转变，我们越来越意识到抱团取暖的好处和团队作战的力量，我们工作室正是抓住了这次难得的机遇，在领头人的带领下找到了今后为之努力奋斗、荣辱与共的组织。康黎老师过五关斩六将，在全区众多工作室主持人申报者中脱颖而出，成立主持了福田区小学数学名师工作室——"康黎名师工作室"，目前工作室有学员12人，主持人康黎校长有着非常丰富的带领团队的经验。成员中多人为学校骨干教师，平均年龄在35岁以下，是一支非常年轻的团队。

　　回顾2016年工作室成员的选拔，并一同撰写个人和工作室的三年发展规划的经历，我们清楚了自己的目标、奋斗的方式，感觉到内心充满了力量，从此以后，我们有团队了，有志同道合的研究伙伴了，我们不再孤单，我们携手共进。

　　畅想未来，我们将提升自我、勇敢创新、拥有情怀、辐射同行，用行动来诠释名师工作室的研究初衷，我们坚定地、无怨无悔地在一起！

教研活动②

初次相见，别开生面

设计缘由

团队所有成员还没有见面，我们都期待着第一次见面，我希望我们的见面是别开生面的，是印象深刻的。在第一次教研活动之前，我只是通过他们填写的申请表了解了他们的基本信息和对未来的想法，但对伙伴们的性格、爱好、脾气等更是一无所知，对于来自不同学校、拥有着不同个性的伙伴来说，工作室全体成员的第一次见面非常重要。对于我这个主持人来说，给大家留下个好印象当然也是我的首要心愿。第一次见面说什么，彼此以怎样的方式相互认识，如何打开今后共同教研的大门，等等，这些都直接影响着今后这个团队相处与共事的方式。

如何能够让大家尽快熟悉起来，让第一次见面既不是很尴尬又印象深刻呢？思来想去，我决定策划一次使用手机录制视频、自己介绍自己的活动。真心地希望以后的三年内我们能够同甘共苦，成为一辈子的朋友。

活动目的

1. 让团队成员以最快、最直接的方式了解彼此。

2. 展示每个人的优势，为今后开展工作做好预先了解。

3. 向每个成员传递工作室每一次活动都是关于教学研究工作和研究氛围的。

4. 展示自我，激发伙伴们的创意。

活动内容

1. 每个人用手机录制一段时长为1分钟的自我介绍。

2. 录制要求：必须介绍的内容包括：来自哪个学校、姓名、爱好、对教育的理解等，创意介绍内容的部分由成员自己来确定。

3. 请专家们见证我们工作室的第一次见面。

活动效果

（一）收获技术

录制视频是一项技术活。场景如何选、话该怎么说、光线声音怎么控制等都是要考虑的因素。后来，有的伙伴回忆起来说："录制自我介绍的视频，感觉就像自己在拍电影一样，不是这里要修改就是那里不如意，1分钟的内容真是对自己全方位的考验啊！"把每个人的视频整合在一起，做成一个片子靠的就是真技术了，好在我们团队里就有这方面的专家，他把大家的视频进行再处理，还加了片头和片尾，真是像拍了一部电影一样。正是用手机拍摄视频的这次经历，为我们后来做微课埋下了很好的伏笔。有些伙伴更是把手机的很多功能都运用到了自己的课堂上，成就了自己课堂教学的特色与亮点。

（二）收获快乐

相聚的时间终于到了，几句寒暄过后，我们开始看片子，当每个伙伴的镜头出现的时候，他本人都会站起来说：我就是某某。顿时大家掌声笑声一片。我们从视频中看到了镜头前的自己，也了解了别人的爱好、性格、脾气和优势。就这样，在一片欢乐声中，我们认识了彼此，打破了尴尬局面。快乐是美好的记忆，更是永恒的瞬间。后来，当我在教研的路上遇上困难、烦躁和阻碍的时候，常常会翻出这段视频看看，看完之后一切就释然了，因为那就是我们的初心，我们知道为什么而出发，我们不畏艰难险阻。

（三）收获友谊

在录像的创意部分，几乎所有的人都真诚地表达了对未来团队作战的期许和收获友谊的愿望。其实，在制作视频的过程中，每个伙伴的心中早已燃起了熊熊的教研之火和建立了浓浓的同伴情谊。三年时间是人生当中不短的一段日子，我们为了一个目标共同努力过、付出过，这是缘分，更是青春岁月中不可多得的一份情意。

（四）收获信心

我们请了特级教师和名师工作室的主持人来见证我们所有成员的第一次见面。这些教育名师和前辈在参与活动的同时，也给我们讲述了他们的成长历程和感悟，通过讲述自己带工作室的经历向我们传达了做工作室的意义与价值。他们的讲述给予了我们做好自己、做好团队的强大动力。在专家的鼓励和支持之中，我们感受到了心中澎湃的激情和满满的信心。

活动感悟

> 每件事情，只要你是有目的、有思想地去做，总会得到超出预期的效果，因为在做的过程中，你还加入了事情本身以外的东西，比如：情感、技术、甚至是期待。这些都是爱的催化剂，可以产生无限的动力。

简报节选

初次见面，其乐融融

期待的第一次见面终于到来了，跟我想象的不一样，我们见到彼此时，感到似乎很早之前就很熟悉了。工作室伙伴们的第一次见面，没有尴尬，没有陌生，有的只是快乐和对未来无限的憧憬。前期我们每个人都录制了自我介绍的视频，我们全体成员一同观看了工作室成员的个性化的自我介绍视频，并现场进行了简单的自我介绍。在掌声与笑声中，大家深深感受到的是这个大家庭的温馨以及成员们积极向上的能量，每个成员都有自己的特长和优势，让我们充满对未来一起研讨和交流的期待。我们有缘从不同学校聚到一起，衷心地希望在接下来的日子里互相帮助、相互学习、共同进步，希望彼此成为数学研究道路上亲密的伙伴。专家与前辈们的分享让我们懂得：珍惜机会，珍惜平台，珍惜友情。未来我们共同完成一项研究，努力参与，自我成长，这是我们未来三年要完成的目标，我们会全力以赴！

主持人康黎老师对成员们寄语："工作室的学习应该保持一种主动的学习状态，希望大家不忘申报名师工作室的初心，坚持，再坚持，努力克服困难跟上队伍一起前进，我们会是一个优秀的团队，一定能结出累累硕果！"

教研活动 ③

我们的制度，我们自己来定

设计缘由

为了工作室健康长远的发展，我们需要建立起全体成员共同遵守的管理制度。那么，这个制度由谁来定？如何来定？这个制度又如何能让大家都心甘情愿地遵守呢？我想，一个单位的制度尚且需要全体教师代表大会或者教代会通过，我们工作室的制度当然不能由我一个人来定。于是，我想到了在班级管理中班主任经常会用到的办法，那就是学生要遵守的班规，由学生自己来定。道理很简单，你遵守的是你自己的承诺，而不是别人强加给你的规定，你守护的实际上是你自己的诚信。

活动目的

1. 建立团队成员都认可的管理制度。

2. 初步树立成员的制度意识、规章意识。

3. 让每个成员都清楚自己在这个团队中该怎么做，朝着怎样的目标去做，做什么。

活动内容

1. 每个成员分头自己初拟管理制度。

2. 成员相互交流各自初拟的管理制度，寻找大家初拟的管理制度的共同条款并确定下来，对不同条款分别进行阐述，共同商议和确定相关条款。

3. 对未涉及的制度内容进行商议和补充。

4. 形成工作室管理制度。

活动效果

（一）形成大家都认同的工作室管理制度

经过每个成员的主动参与，每个成员都从自己的角度思考了管理制度的条款，又经过了相互寻找共同的条款和对不同建议的交流及对未想到的条款进行补充，我们得到了一份大家都认可的工作室管理制度。这份制度是大家自己制定的，也是未来三年在工作室学习和生活必须遵守的，如同是共同定下的承诺和誓言，从此我们共同进退，共同努力做好管理与自我管理。

（二）形成民主管理氛围

我始终认为，工作室主持人只是这个团队的组织者和活动的策划者，而不是一个领导者和管理者。所有的工作室活动都应该尊重大家的想法，虚心征求大家的建议，特别是在我们研究的教育和教学方面，教无定法，这其中没有谁能领导谁，谁的建议和方法更有助于提高学生学习兴趣，更有助于提高课堂教学效率，我们就应该尊重谁的建议和方法。这需要一个民主的氛围，而我们用工作室管理制度的制订过程向大家传递了这样的一个工作室管理理念。

活动感悟

一个团队之中，对彼此的尊重和信任是形成团队合力的最重要的因素。在一个民主的氛围中，团队更容易碰撞出思维的火花，更容易产生智慧的思考。我想要建立这样一个民主型的团队。

简报节选

今天，我们终于拥有了属于自己的工作室管理制度，这个制度是我们自己制定的。还很清晰地记得，我们在学校管理自己班级的时候，总是让学生自己来制定班规，自己定的规矩自己去遵守，这是一件很神圣的事情。面对自己制定的管理制度，未来三年，我们也会认真履行诺言，遵守规则，严于律己，共同努力实现我们的理想。下面来看看我们的工作室管理制度吧！

康黎小学数学名师工作室管理制度

1. 工作室大型主题活动每月举办1次，要求全员参与，成员有义务按时参加工作室的定期集体活动，一个学期请假超过2次者，取消工作室成员资格。

2. 认真对待自己的成长任务和工作室的集体任务，能够高质量完成工作室布置的各项任务。

3. 勤于笔耕，勤于课堂改革的尝试。每个成员每个学年至少发表一篇专业论文或者教学设计，每个成员每个学期至少要开展一次研讨课或展示课。

4. 坚持学习，多读书，多观察。每个成员每一个学期至少要完成工作室规定的读书任务。

5. 成员之间要团结友爱，互相帮助，共同进步。

6. 成员积极参与各级各类课堂教学比赛及课堂教学基本功大赛。

7. 每学期对自己的成长进行文字总结与反思。

康黎小学数学名师工作室奖励制度

1. 原则：提倡教学研究，激励专业发展。

2. 方式：积分制。

3. 标准：

（1）论文发表（在原国家新闻出版广电总局网站能检索到刊号的正规刊物），10分/篇。

（2）公开课（校级即可，工作室要参与听课、评课，有证书或证明材料，不再细分级别），5分/节。

（3）教师个人荣誉、教学竞赛获奖（区级以上，不再细分级别），5分/项。

（4）出勤率90%以上，5分/人/学期。

（5）完整上交资料，5分/人/学期。

（6）辅导学生获奖、发表文章，只统计，不计分，同等情况下作为参考项目。

4. 每学期期末汇总，根据累计分数给成员所在学校发放喜报。

教研活动④

工作室三年发展规划的解读

设计缘由

如果把工作室比作是一个家的话，在招兵买马完成后，家里的成员就算是齐全了。俗话说，"国有国法，家有家规。"工作室要想正常地运作起来，就必须要有规章制度；要想把这个家建设好，还必须要让每个成员非常清楚地知道工作室的定位和发展目标是什么。为此，我代表工作室制定了三年发展规划。为了让大家统一思想，真正领会工作室发展的目标，我设计了一次学习团队规章制度和三年发展规划的主题活动。

活动目的

1. 带领全体成员学习工作室的定位和发展目标。

2. 团队制度建设，学习和领会工作室的管理制度和奖励制度。

3. 强化成员的自我管理能力和参与工作室活动的目标意识。

活动内容

1. 邀请有经验的工作室主持人讲工作室管理的经验和故事。

2. 学习本工作室的管理制度和奖励制度。

3. 学习本工作室三年发展规划。

4. 制作工作室学习简报。

活动效果

（一）听前辈讲述工作室成长故事，激发了伙伴的参与激情

今天，我们工作室邀请了上一届福田区名师特色工作室主持人吴军，为我们分享她在带领成员开展工作室工作过程的一些体验和感悟。她现身说法告诉大家，一个好的研究团队的建立需要多方因素的促成，比如说每个人都要严格遵守工作室的纪律，把每一次的团队活动当作一件庄重严肃的事情来对待；又如，成员之间要相互鼓励，相互支持，把相互学习的教研氛围搞起来。她还告诉大家，每个成员都应该好好珍惜这个平台提供的资源，对于年轻一代教育工作者，要珍惜自己的教研黄金时代，珍惜机会提升自己。吴老师讲起了以前在工作室的日子里，她和她的伙伴经常加班，通过点滴的积累不断提升自己的教学和教研水平的故事，听了让人热血沸腾，对未来充满了向往。吴老师鼓励大家：做任何事情要坚持，要尊重团队里每个成员的劳动成果，要积极参与工作室活动，特别是要能够主动承担活动任务，因为每一次参与就是一次展示和提升自我的机会。吴老师的话激起了伙伴们的研究热情，也让我们对工作室未来的发展充满了期待。

（二）学习工作室三年发展规划，增强了伙伴的规划意识

下面就是工作室三年发展规划的具体内容。

康黎小学数学名师工作室三年发展规划

康黎小学数学名师工作室成立后将致力于通过研究小学数学不同年段及不同内容的课堂呈现方式构建小学数学高效课堂。根据福田区教育局关于"名师工作室"的相关文件精神，按照《名师工作室工作职责》的总体要求，针对本工作室的特点及成员的构成、教学特点和教学经历，特制定以下发展规划。

一、工作室的定位及工作思路

本工作室旨在建设一个有成长欲望、有研究能力、有教育情怀的小学数学教师学习与研究的共同体；以小学数学课堂教学研究为抓手，放大团队骨干教师的引领示范作用，为有自我发展需求的教师提供成长的空间和有效的帮助；促进工作室全体成员课堂教学能力和教育科研能力的快速提升。

1. 研究性

教学研究是本工作室的第一要务和本质属性。本工作室以课题研究为平台，引领工作室成员自觉进行研究，掌握教育科研研究方法，提升教育科研研究能力。强调以课堂案例研究为主，一案例、一反思、一交流，定期写论文、写感悟，寻找提高课堂效率的规律性方式方法。

2. 辐射性

通过工作室成员三年甚至更长时间的共同努力，不断提升本工作室在福田区的影响力以及对周边地区的辐射功能。强调以课堂教学研讨为主，用讲座、课例、结对子活动辐射，立足本校，走兄弟校帮扶之路、偏远校帮扶之路、支教帮扶之路。

3. 成长性

加大对中青年教师的培养力度，使工作室真正成为中青年教师的成长乐园。强调以个人规划设计为主要抓手，通过读书、观课、磨课、讲座、做课题研究、展示、写文章等形式督促教师扎实发展。

二、工作室主要目标

1. 建立一个有研究氛围、有教育情怀、讲互助情谊的团队。

2. 通过课题的研究与实验以及观摩学习交流，促使工作室研究人员快速成长为具有较高教科研、教学水平的名师。

3. 通过大量的案例探究，寻找出通过游戏化学习来构建小学数学高效课堂的有效操作模式及课堂组织形式。

4. 推出一批研究成果，发挥更大的课改传导作用。

5. 带动更多的学校与老师积极参与小学数学课堂教学改革，提升我区小学教师的专业水平。

6. 出一本专著，推广我们的研究成果。

三、工作室未来三年具体工作内容

1. 第一年完成建构组织结构，完善工作室管理制度，敲定工作室推进研究的模式方法。

总体目标：完成工作室建制，完善各种管理制度，形成工作室工作作风。

（1）制定管理制度，其中包括考勤制度、研修制度、奖惩制度等。

（2）制定未来三年工作规划。

（3）做好自己工作室的公众号，每位成员都有自己的教育博客，有明确的公众号管理和维护的分工。

（4）建立良好的工作室文化，有自己工作室的口号、Logo，有明确的文艺活动及拓展活动的参与制度。

（5）帮助成员制定三年成长计划，为所有工作室成员建立教学研究成长档案。

（6）建立一个培训成员的资源库。工作室主持人每个月为学校老师提供一次研究课，真正在课堂上对老师起到示范和引领的作用，其他成员分组结合各自研究的不同板块每人上一节公开课，并收录学科优秀教师视频音像资料为资源库建设提供素材。

（7）完成课题研究中小学数学知识点的板块解析，并选好每一个知识板块的案例内容。

（8）做好针对每个知识点板块研究前的问卷调查。

（9）在学校也成立一个业务核心团队，与工作室团队共同参与活动，把教学教研工作在本校做到扎实有效，并能使这个核心团队在校内产生辐射作用从而带动整个学科乃至整个学校的教研氛围的变化。

（10）定期为成员充电，请专家培训，组织一次省外学习。

（11）开展2次大型的教学研究和教育论坛活动。

（12）每位成员要完成规定阅读书目的阅读，完成写感受、写反思的工作，工作室负责指导大家写出高质量的研究论文。

（13）每年策划一次全体成员个人成长展示活动。

（14）完成2次或者2次以上的爱心支教行动。

（15）完成工作室第一年的成绩汇报和总结工作。

2.第二年进入课题深入研究阶段，提升成员的综合能力，梳理研究收获，加大辐射力度。

总体目标：做有独立思想、有教育情怀的优秀教师，用理念引领思想，用行动催生变革，用梦想创造可能。

（1）用智慧引领课堂：课堂教学形成鲜明的个人风格，并能得到学生和家长的喜欢与认可。

（2）用思想引领行动：能够完成一本属于工作室或者工作室成员的关于教学或教育的著作。

（3）用态度决定转变：能够不断总结思考自己在教育教学工作中的得失，并形成一些文字记录下来，要求工作室成员能够发表基于自己课堂案例研究的论文、研究报告等。

（4）用科技促进教学：在信息技术的应用与教学能力上有快速的提升，丰富个人的教育博客。

（5）用学习更新理念：大量阅读理论书籍，更新教育理念，加深对教育的理解。

（6）用科研创新课程：思考课程及课程整合的问题，在课程设置中建立起自己的课程小超市。

（7）用梦想创造可能：带领更多的伙伴加入名师的行列。

（8）开展2次大型的教研或者教育论坛活动。

（9）继续加大辐射力度，走进偏远或者薄弱学校。

（10）加大培训力度，开始启动工作室内的自我培训，通过培训提高成员的理论水平和专业思考能力。

（11）组织成员内部的专业技能大比武行动。

（12）要求和鼓励成员带徒弟或者组织工作室成员外的学习共同体。

（13）组织开展一次省外学习，开展有意义的团队拓展活动。

（14）进行中期的总结工作。

3. 第三年进入课题深入拓展阶段，归纳总结提高课堂效率的研究成果。

总体目标：用行动推动工作室工作，做好归纳提升阶段的工作，总结成员个人收获，发掘专业发展潜能。

（1）继续发挥工作室的辐射作用，积极参与福田区教育科研的推动工作。

（2）梳理成员个人成长的足迹，细数自己参与研究的历程，分享辐射过程。

（3）基于研究的主题开展形式多样的教育科研活动，如小讲座、小论坛、读书沙龙等，逐渐形成教育科研的学术氛围。

（4）完成对成员个人三年成长计划的对照验收工作。

（5）请专家指导研究室成果的提炼和提升工作。

（6）出版工作室的研究成果集。

（7）进行一次成员徒弟或者学习共同体的展示活动。

（8）继续坚持加大辐射力度，要求每个成员都要做一次较高水平的讲座。

（9）举办成员展示课、研讨课活动。

（10）策划"读书行动"，针对教师更新教育理念的方法进行培训。

（11）进行课题的结题工作。

（12）梳理工作室三年业绩，反思工作疏漏，做好未来工作的计划。

四、主要措施

1. 专家引领

根据区教育局的安排，采取走出去、请进来的方式，优先选送成员参加各级别的学术讲座、研修班、进修以及外地参观考察等活动；力争邀请教育教学专家现场指导。

2. 自主学习

根据名师工作室对成员的培养目标，工作室主持人选择一部分书目推荐给学员学习，增长学员的教育理论知识和业务知识，同时学员可从自我发展的需要出发，自主选择一部分书籍学习，采取自主学习、自主实践、自主反馈、自主检查的办法来提高自己。在学习过程中完成一定数量的读书笔记，并上传至工作室网页。

3. 同伴互助

建立本工作室成员QQ群、微信群，每周定时上网交流一周教学及研究感悟；建立本工作室学习交流制度，每学期开展三次以上学习交流活动。

4. 成果展示

要求工作室成员根据本工作室的课题研究方向，确定自己的研究内容，定期向工作室主持人和其他成员展示研究情况，获得技术和智力支持。

5. 撰写博客

要求工作室成员在网站上开通个人博客，将和自己的教育教学理论与实践相关的文章、图片、视频等定期上传。

6. 积极参赛

要求工作室成员积极参加各级各类教育教学相关比赛，以此促进成员教育教学水平的提高。

7. 教育交流

组织工作室成员到市内外高校、知名度高的中小学或其他名师工作室交流学习。

8. 资金保障

福田区教育局每年划拨8万元工作室活动经费。工作室将按照上级要求，专款专用，并且用到实处。

五、专家工作室工作的预期效果及呈现方式

1. 完成课题的研究工作，形成高质量的结题报告，在研究过程中提升工作室成员的教育科研能力。

2. 建设工作室公众号，每位成员建立属于自己的教育博客，发布工作动态，辐射推广科研成果，开发、整合教育资源，推动教育科研互动交流，实现优质教育科研资源共享。

3. 总结梳理并撰写有关推进教与学方式转变的经验的文章（含理论思考、经验总结、教育随笔、教学反思、教学设计等），编辑发行交流；保证有一定数量和质量的论文获奖、发表，出版研究专著1部以上。

活动感悟

"凡事预则立，不预则废。"有了制度，才好管理；有了目标，才知道大家的劲儿要往哪里使。

简报节选

今天的活动使我们的收获很大。通过听前辈讲工作室团队建设的故事、工作室主持人解读工作室制度和工作室三年发展规划，让我们对工作室承载的使命得以明确，也让伙伴们看到了未来工作室发展的前景，更为我们个人的发展做好了规划框架。在这次活动中，我们庄严而郑重地共同承诺："遵守约定，共同进退"。"国有国法，家有家规"，我们工作室的约定有些特别，与其说是约定不如说是明确的活动任务，通过这些约定，我们清晰地看到了自己未来三年的发展路径：如何保障出勤、朝着哪些方面努力、怎么参与活动等。我们的三年发展规划特别细，在学习、读书、课题、公益活动、辐射工作等方面都有非常清晰、具体的计划，这些让我们对未来三年的发展充满了期待，我们如同迷路的孩子找到了前进的方向，虽然知道路途遥远，但是浑身都充满了力量。

教研活动⑤

工作室Logo和公众号名称的设计与征集活动

设计缘由

现代信息技术的发展已经到了让人离不开的程度，现代信息技术也为教育及管理带来巨大的推动作用。工作室成立之初我就已经有了申请团队的公众号、利用网络为伙伴搭建交流和宣传平台的想法。工作室成立后我第一时间就把这个工作排到日程上。申请公众号需要有一个公众号名称和工作室自己的Logo，要给我们这个团队取一个什么名字呢？这个名字代表什么寓意呢？工作室的Logo又设计成什么图案？这个图案又象征团队的什么精神和文化呢？为了要把这件事做好，我设计了一次工作室Logo和工作室公众号名称的设计与征集活动。

活动目的

1. 设计征集工作室Logo和工作室公众号名称。
2. 促进成员对团队精神文化的思考。
3. 促进成员对本学科的深入了解与认同。

活动内容

1. 全员参与设计工作室Logo和工作室公众号名称。
2. 请专家和所有成员一起评选出能够代表工作室的Logo和公众号名称。
3. 颁发活动参与奖和录用奖。

设计要求

1. 可以独立设计，也可以与他人合作完成。

2. Logo和名称的设计要体现学科特点，要与工作室三年发展规划的目标相符。

3. 要求附有设计说明，以及对图案和名称的解读。

活动效果

（一）思维活跃，创意无限

活动任务布置下去后，我满心期待，如同期待自己孩子的名字一样。日子一天天过去了，约定交稿的日子到了，我收到了来自伙伴们的设计，他们的作品让我非常感动，我为他们的参与热情而骄傲，这就是团队的热情啊！交上来的作品有老师独立设计的，有多人合作设计的，有用画图软件完成的，有用PPT完成的，还有用Word文件完成的。看来伙伴们为了给我们的"孩子"进行形象设计是下足了功夫。因为是小学数学背景的原因，大家设计这些图形体现了强烈的学科特征。从设计的说明和名称解读中我看到了大家对工作室未来的期许、对工作室的关爱和对团队发展愿景的认同，更看到了伙伴们的活跃的思维和无限的创意。

（二）专业智慧，创造经典

大家的设计各种各样，我们把大家的作品放在一起，让每个设计者来谈自己的设计理念、设计说明，让大家在他人的思考中完善对工作室的愿景的搭建。我们还专门请了设计方面的专业人士加入其中，来给我们提建议、说想法，最终经过集体的合力，我们完成了工作室Logo（图1）和名字的设计任务。

（三）统一愿景，激情飞扬

工作室Logo设计说明：图案的背景为中国红，代表着团队对教育科研烈火般的热情；图案使用黑色的立体线条勾勒出了"KL"两个字母，寓意团队追求快乐做科研、快乐做老师的愿望；图案利用平行和相交的概念制造立体效果，其中包含了数学元素三角形和正方形，整体呈现浩然正气之相，表达了团队追求踏实做事、扎实教研、脚踏实地、不求浮夸的团队研究精神。

图1　工作室Logo

"数之美，219"

工作室公众号名称解读：数学在人们心中的感受往往是抽象的，但真正的走近它、懂得它就会发现它那与众不同的美。我们工作室的伙伴就是想利用这个平台传递数学的神奇之美。确定这个名称的日子刚好是2月19日，用谐音说就是"爱要久"，表达我们爱这个团队，永久永久……

活动感悟

　　人的创造力是无限的，你给他多大的梦想，他就有多强的行动力。我们的老师是这样的，我们的学生呢？我们应该相信学生，要敢于给他们创造更多的空间，要积极创造让他们实现梦想的机会。工作室的小伙伴们更是这样，他们带来的创意让我对团队的力量刮目相看。

简报节选

　　看到我们共同设计的工作室Logo和公众号名称，我们感到无比的骄傲与自豪。从此后，我们工作室有了自己的公众号，有了属于自己的独特标识。用自己的智慧与思考完成的设计充满了亲近感。还记得在设计Logo的过程中的反复纠结：如何体现出数学元素？怎样才能把工作室的愿景融入其中？到底什么颜色才是我们工作室的幸运色？这真是调动了我所有的艺术细胞啊。我们与美术才子们讨论，与工作室成员反复交流，也真是做到了调动周边所有的资源。难怪那么多企业的名字和品牌形象都要申请知识产权、申请专利，这里面蕴藏着的智慧的确是有价值的。如今尘埃落定，我们要做的，就是一往无前，朝着我们心中的目标加油干啊！

2

情意与分享

　　有一种情意叫作革命的情意，一群人能够在三年的时间里共同来完成一件事情，而且是有可能对课程变革产生影响的事情，这是一种多么特殊的缘分。可以预见，这三年我们一定会牺牲很多时间，一定会遇到很多困难，一定会烧掉很多脑细胞，一定会有累、迷茫、困惑的时候；但也可以预见，我们也一定会有成果，一定会成长，一定会有新的视野。在这痛并快乐着的时光中，我们在一起，我们始终在一起。这份情谊将在我们的生命中永存。我们是战友，我们是家人。我们可以分享痛苦，也可以分享快乐。这是工作室团队里的每个人都会珍惜的青春时光、革命情意。

　　"有一种学习，你参与其中，就会领悟什么是豁然开朗；有一种平台，你投入其中，就会领略什么是异彩纷呈；有一种苦累，你深处其中，就会了解什么是痛并快乐着；有一种信仰，你执着其中，就会懂得什么是任重道远。加入康黎小学数学名师工作室一年来，每位成员身上那份独特且纯粹的教育情怀都深深地感染着我，时时刻刻提醒着我，教育没有回头路，只有不断充实、提高自己才能使教育之路更长远。亦如人生的赛程很长，要有足够的耐心让精彩慢慢生长，相信一路的坚持与守候，总不会辜负我们自己。星光不问赶路人，时光不负有心人。感恩！"

　　（引号部分摘自本工作室成员白一娜老师个人总结）

📖 教研活动⑥

你的快乐，我们一起分享

设计缘由

工作室的伙伴们经常会有一些好事、喜事，如谁结婚了、谁升职了、谁获奖了、谁发表文章了，这些高兴的事情都是团结伙伴们、融洽感情的最好契机。我想，我们一定要把快乐的事情与大家一起分享，让我们在前进的路上除了能够共同分担困难和失败，还能共同分享成功的喜悦和人生的乐事，这样才能够让大家体会到你中有我、我中有你的亲密的战友情谊。

活动目的

1. 分享快乐，增进成员之间的情感。

2. 激励伙伴们在教研的路上不断前进。

3. 把快乐的事情，变成成果。

活动内容

1. 公布每一次好消息，并把快乐的事情做成PPT，在工作室内宣传。

2. 为结婚、升职、发表文章的伙伴送鲜花祝贺。

3. 请教育专家给获奖的伙伴颁发证书。

活动效果

（一）感动彼此，情义无价

精心设计的婚礼祝福、升职祝福、专业获奖颁奖活动，让伙伴们在工作室研修的辛苦忙碌之中，体验到了工作室温情温馨的一面。每一次幸福快乐的分享，都是一次心灵与心灵的碰撞。我们通过一个个快乐的分享，感动了彼此，深深体会和享受浓浓的情意。这也是工作室发展中一个重要的目标，即收获友谊。

（二）激励彼此，携手前行

每当把队友获得的荣誉、成绩在团队里进行隆重展示的时候，伙伴们都能从他人的进步中找到自己不断努力前行的动力。我们虽然同在一个团队，每个人又都能在自己擅长的领域里跋涉、奋斗。我们有共同的目标、志同道合的信仰，我们携手前行，无怨无悔，昂首阔步走在教学改革之路上。

活动感悟

团队情感的建立往往源自日积月累相处的细节。关注细节，感动彼此，升华情感，收获友情。

简报节选

当大幅的婚纱照伴着婚礼进行曲呈现在我眼前，当伙伴们的掌声和祝福声响起时，我的幸福感油然而生。跟随团队一起研究学习生活的日子让我难忘，那些都是在我专业成长中最美好的经历。而今天，我的队友们与我共同分享我人生最重要的时刻，场景是如此温馨。美好的祝福和象征着深深情意的红包都带给我无限的温暖，感谢兄弟姐妹们，感谢工作室的领头人。有你们，真好！

今年对于我来说是一个特别值得庆贺的一年，经过多年的努力，我的专业能力得到了学校和同行们的认可，我被评为副高级教师。这份荣耀里有我个人的努力，更有伙伴们的无私帮助。今天，是一个让我终生难忘的日子，工作室的队友们专门给我准备了庆祝会，当我接过工作室主持人手里的鲜花，当我看到大屏幕上播放的我日常工作的画面，我被深深地感动了。教育教研之路艰辛漫长，但有你们一路同行，真好！

教研活动⑦

你的需求，我们一起来面对

设计缘由

在我们的团队中，有一些特别的伙伴儿，他们是还没有正式调入深圳的代课老师。这些伙伴年轻、热爱学习、勤奋刻苦、努力工作，在团队里的表现更是积极主动，但是这些伙伴每年都面临着只有参加社会招考才能调入深圳的压力。每年的社会招考他们需要经历笔试和面试，笔试又分为客观题和主观题，其中主观题考查的就是他们的教学实践和思考能力，里面既有对教育理念和教学智慧的考查，也有对教育原则、教学策略的落实，等等。这些正是我们这个团队要带领伙伴们学习的东西。因此，我们把这些伙伴的需求当作自己的需求来面对，共同策划、组织、模拟，帮助伙伴进行考前的准备。我们也把伙伴的复习准备当成修炼自我的一次机会。

活动目的

1. 帮助社会备考的老师做好考前的主观考试题的准备工作。

2. 通过帮扶伙伴，提升自我对教育理念、教学智慧、教师素养和教学实践的再认识。

活动内容

1. 学习新的教育理念。

2. 收集当前的热门案例和典型案例，大家一起进行分析。

3. 备课、磨课，对课例进行评课分析。

4. 创造模拟环境，进行模拟演练。

活动效果

（一）成就别人，提升自己

我们把帮助他人的过程，转化为大家一起学习、研究的过程，就如同现在教师和学生的关系。过去做老师的总喜欢高高在上，以导师的身份来指导学生学习。如今，教师和学生是学习的共同体，教师和学生在创设的学习情境中共同学习，共同面对课堂学习中生成的各色问题，在解决它的过程完成学习的任务。这次帮助伙伴的任务就和现在教师教学生学习的任务是一样的，我们要帮到他人，就必须去阅读、查询最新的教学理念的本质、操作流程、可能会带给学生的新的体验，这样才能把资料传递给需要帮助的人。同样，在帮伙伴们分析案例的时候，我们自己也在反思自己的教学是否是智慧的，教学过程是否是符合逻辑的，教学设计是否是合理且具有吸引力的，对课堂生成的东西是否能够进行合理运用。正所谓，成就他人，提升自己。

（二）重新回炉，锻造新我

看到那些为了参加社会招考而日夜拼命学习的伙伴们，我们庆幸自己有一份稳定的正式教师的工作。多年前我们也曾这样地拼命过，只是现在的我们没有了这道必须要迈过的坎儿的阻碍，我们的日子较惬意了一些。如今，当我们集整个团队的力量帮助我们的战友去面对社会招考时，我们仿佛重新给自己的专业一次回炉重新锻造的机会。我们发现，其实社会的发展日新月异，教育又何尝不是呢？我们每天都在追赶，可是我们总在重复着昨天的故事，那是因为我们还不够努力，对教育火热的情感还不够强烈。以帮助他人的名义重新审视自我，让我们找到了更为明晰的方向，也锻造出一个新的自我。

活动感悟

脱离了舒适区，你会发现，自己要学习的东西还有很多，很多。每一个在前进路上跋涉的人，都应该对自身的状态有正确认知，进而不断地去完善自我、提升自我，以期在前进的路上成就崭新的自我。这也许就是奋斗的快乐！

简报节选

　　时间回到2016年的年底，距离我休完产假回到工作岗位已有两年，每天上班备课、上课、辅导学生、完成学校布置的任务，下班回家带孩子，其实每天都很忙碌，本应很充实，却总感觉心里发虚。每一天的日子仿佛都是一个样子，重复来重复去，缺了点新意、少了点激情，悄然有了一种职业倦怠感，我一直在思考自己的专业成长、职业发展或许需要一些方向和冲击，打破自己过去一成不变、略显沉闷的生活。恰逢此时，各大名师工作室都向一线教师抛出了橄榄枝，积极招募新成员。"康黎校长低调、踏实、做实事，是你最欣赏的风格，也比较适合你"，好友极力推荐，抱着试一试的心态，我提交了申请表，极其幸运，就此成了康黎名师工作室的一员。

　　来到这个团队，我非常的幸运。因为我不是正式在编的教师，大家都希望我尽快地考上编制。伙伴们只要有时间都会督促我学习，平时有好的文章都推荐给我。康黎校长还牺牲自己周末的时间，帮助我分析当前教育的热点话题和考试时的答题技巧，列举身边所发生的真实案例，作为教师应该如何机智地解决，如何把问题的每一个步骤逐层递进地展示出来。这样的学习让我受益匪浅，为我能够考入编制提供无形的推力。伙伴们知道我通过了笔试，进入面试环节，都热心帮我出谋划策，面试的前两天晚上罗梅和几位姐妹还帮我磨课到深夜。得知我顺利考过，大家都热泪盈眶送上祝福，不是家人，胜似家人，他们用爱时刻温暖着我。

　　在工作室的日子里，每一天都是充实的，每一天都是精彩的，每一天都是充满挑战的，每一天都是快乐的。我保证在康黎校长的带领下，不忘初心，在教育道路上砥砺前行，收获幸福。感恩感谢！

3

磨砺与学习

教师的战场永远是课堂，一群有着共同教育梦想的伙伴们摩拳擦掌、不断锤炼的是面对课堂的硬功夫。教师是最不能停歇下来的职业，因为人类社会的每一个变化、每一次进步的信息都需要我们把它融入每一天的教育活动中带给学生，教师的责任就是带领着学生以最快的速度适应社会的发展变化。教师的与时俱进应该体现在教育理念的先进、教学行为的革新、教学反思的求真上。所以，伙伴们必须把所有能够利用的时间用在反复磨砺自己的教学能力上。工作室坚持每个月进行一次大型主题教研活动，同样，我们也执着于不定期地进行小组主题教研活动。我们开始学习用大数据来监控课堂、审视课堂；我们学习用更为科学的方法来观察课堂、评价课堂；我们学习用更为理性的思考来面对课堂中的学生和自我。

　　不断学习、坚持实践是教师专业成长的必经之路。工作室成员的学习任务的设计和课堂教学改革的主题活动设计是花费我时间最多的两件事情。无论是读书还是磨课，我都希望伙伴们能在其中得到最大化的提升。因此，我在工作室活动开始前已经选择了一项课题《小学数学游戏化学习在课堂教学中的实践研究》作为我们共同研究的内容，这也成了我们工作室开展研修的一项重要手段。此课题我们已成功申报了市级课题并得到立项。

　　未来三年，我们工作室的全体成员将在教育的最前沿、教学的第一线，用自己全部的努力去面对这一场磨砺与学习，来成就自己完美的蜕变。

📖 教研活动 ⑧

让我们一起读书吧！

设计缘由

"读万卷书，行万里路"，一个人的成长离不开读书与实践，读书是直接获取知识，其过程中的体验和感悟自然是受益无穷。实践是间接获取知识，要靠领悟与内省来提升内在修为。

无论从事何种职业，都需要读书。对于教师来说，读书尤为重要。有人说，教师要给学生一桶水，教师必须是长流水。教师有源源不断传递力量的能力，才能肩负起传道、授业、解惑的责任。读书可以开阔教师视野，丰富教师内涵，增强教师个人魅力，更能让教师从书中看清世间百态，练就从容淡定的气质。为人师者，本该博学多才，博学多才靠的就是行走实践和读书反思。

工作室的伙伴要迅速成长，就应在读书中前行。为此，我设计了贴近我们工作室研究课题的读书与实践沙龙活动。

活动目的

1. 让伙伴们通过阅读更深入地了解我们工作室开展的"小学数学游戏化学习在课堂教学中的实践研究"的意义是什么。

2. 让伙伴们通过共读一本书找到共同交流的话题，增进对彼此在专业上的认知。

3. 启发伙伴们对开展课题研究的思路和创想。

4. 提高伙伴们的教育理论水平和实践水平。

活动内容

1. 教师共读《美国名师游戏教学本土化应用》一书。

2. 把工作室的全体队员分成几个小组，选出小组组长。

3. 用三周的时间阅读这本书，并做好读书摘录和读书感悟。

4. 组长汇总组员的摘录和读书感悟进行资料整理。

5. 先在小组里进行交流和展示。

6. 选出这本书中大家共同有感悟的做法，在课堂上进行教学实践。

7. 选出实践教师和班级进行上课，小组教师进行课堂观察，统计课堂观测数据，进行课后问卷分析。

8. 总结读书活动的理论收获和实践经验的收获。

活动效果

（一）阅读专著，助力科研

工作室申报研究的课题是"小学数学游戏化学习的课堂教学实践研究"，为了能够让所有成员对"游戏化学习"有比较全面的认识，并引发他们对课堂教学进行思考，我们选择让大家共读《美国名师游戏教学本土化应用》这本书，并要求伙伴们带着思考去读文字，带着想法去写感受。时光过得总是很快，三周的时间很快过去了，我和伙伴们一起读完了这本书，所有的成员都写了读书笔记，我们把读书笔记上传到平台上相互分享，我认真地阅读着大家的读书笔记，从中看到了他们与书籍交流的感悟，看到了他们为了读懂游戏应用的方法而在课堂上进行亲身实践的求真行动，更看到了他们对未来进行小学数学游戏化学习实践的设想与思考，这些都是难能可贵的东西。

下面摘录部分伙伴的读后感想与大家分享：

1. 寒假阅读了《美国名师游戏教学本土化应用》，收获颇多。在这本书中，作者介绍了31个课堂游戏，这些游戏贴近学生的生活实际，其目的是希望教师通过使用课堂游戏的方式培养全面发展的学生。事实上，在平时的教学中，我们也经常采用游戏的方法来进行数学教学，寓教于乐。例如，常见的用一年级的"找朋友"游戏来巩固一位数的加减法，用二年级的"开火车""数青蛙"游戏来练习乘法口诀，用三年级的"24点""数独"游戏来训练学生综合计算能力，用四年级的"30秒俱乐部"游戏来提高学生的口算心算速度，等等。在游戏中，我们可以看到，学生的兴趣被充分调动起来，学生能够化被动为主动，热情地投入到学习中，在游戏中学，在玩中学，取

得了比较好的教学效果。——潘妮娜

2. 对比书中的游戏和自己日常课堂教学中的游戏，可以发现，这本书中的游戏，应该是采用了游戏活动课的形式，是一个独立的课时，有非常明确的目标，练习的目的性较强，以巩固掌握知识点和方法为主，主要以小组合作的形式进行。而在我们日常的课堂教学中，其实并不缺乏游戏，但主要是穿插于教学过程中的小游戏，结合自己的教学需求，在新知导入、自主探究、练习巩固过程中都可能应用到一些非常精妙的小游戏。游戏往往比较即兴、随机、简单、灵活、易操作，游戏过程注重适时引导、即时评价，游戏结束，会适时、简洁地反思总结。像书中这样专门的游戏活动课，自己确实比较少涉及，通过阅读本书，自己也学习了一种新的操作方法，可以在以后的教学中尝试探索，这是我读这本书最大的收获。——赖丽霞

3. 读书充实生活，增加自己的精神食粮，一本好书会带给你的遐想，智慧的火花顺势而生。目前，我任教一年级，现在的学生是一个具有独立思想和个性的群体，传统的讲授已经不具有吸引力。学生的视野伴随着时代的进步而逐渐开阔，信息时代的到来要求教师思考如何在教育教学上有新的突破，走进孩子，创新思想。"大众创新"游戏教学，在玩中学，学中做，寓教于乐，图文并茂，拥有非凡的创想便可带来沉甸甸的收获。——苏振菊

4. 读过《美国名师游戏教学本土化应用》这本书后，我的感触特别深刻。我从小就被教育说学习是一个严肃的事情，容不得半点的含糊，特别是在学习了七年的数学专业之后，心里总是会有一种感觉：学习必须沉下去，一定要静下心去琢磨才可以。所以在刚开始任教数学时，我总是不苟言笑、一板一眼地教学，想要把算理、把过程都一步步地让学生理解后才算结束。然而几年下来，我心里这样的感觉越来越淡化，到底什么才是学生学习的意义，学生真的都能学会"1+1=2"吗？真正了解什么是退位减法吗？真正知道长方体、正方体的体积和面积为什么是这样计算的吗？我想学习的目的不仅仅是结果，更主要的是过程，读过这本书后，我在这方面的感觉就更强烈了。——郑红芳

（二）分享感悟，提升修养

我们从大家的读书笔记里选出了两位伙伴的作品，让他们精心准备，并从书中内容、读后感悟、链接课堂、未来设想几个方面进行了工作室内的读

书分享展示活动，我们还邀请了其他工作室的教师和区教研员参与分享进行点评。因为阅读这本书经历了一个多月的时间，然后再带着任务去精读，所以，这两位伙伴对这本书的解读和思考是非常到位的。我们的读书分享的内容得到了教研员和其他工作室教师的一致表扬。伙伴们因为读书而让心靠得更近，他们开心地说："原来读理论书也没有想象的那么枯燥。"后来工作室掀起了共读理论书的高潮，我也借机给大家推荐了一些适合我们工作室伙伴阅读的理论书籍，希望大家能通过阅读来感受一个教师的成长应该与书为伴的道理。

附康黎小学数学名师工作室推荐书目

《游戏化学习》，庄绍勇著，北京师范大学出版社。

《读懂课堂》，钟启泉著，华东师范大学出版社。

《从有效教学走向卓越教学》，余文森著，华东师范大学出版社。

《致教师》，朱永新著，长江文艺出版社。

《零距离感受美国教育》，韩忠玉著，中国青年出版社。

《自主学习》，郑金洲著，福建教育出版社。

《理想课堂的构建与实施》，张玉彬著，西南师范大学出版社。

《怎么上课，学生才喜欢》，魏勇著，中国人民大学出版社。

《游戏，让学习成瘾》，卡尔 M.卡普（Karl M. Kapp），机械工业出版社。

《合作学习》，马兰编著，高等教育出版社。

《游戏与教育》，中国教育技术协会编。

《合作学习》，（美）约翰逊，北京师范大学出版社。

《合作学习教学策略》，刘玉静、高艳编著，北京师范大学出版社。

《合作学习：一种教学策略的研究》，王卓、杨建云编著，辽宁师范大学出版社。

《合作学习设计》盛群力、郑淑贞著，浙江教育出版社。

（三）付诸行动，课例研讨

按照这次主题活动的流程，读书分享会后是基于书中内容和理念的开展的教学实践活动。我们也推选了两位成员分别上了《找规律》和《小数点搬家》两节课，课的设计就是把游戏作为串联起整个教学内容的纽带来完成教学任务，应该说效果非常好，深受学生的喜欢。课后，教师也觉得这节课上得有底气，因为有那本书中的理论作支撑，教师在设计教案时更为开放和大胆。大家都觉得这是一次有目的、有理论支撑、有深入思考、有研究价值的研究活动。

从选择阅读内容到共读一本书从读书分享到把书中理念运用再到课堂教学进行实践，我们的这次主题活动意义重大，收获满满。

活动感悟

基于需求的设计更能得到大家的响应，效果自然也更好，对教师读书是这样，对儿童的教育更是这样，教师要善于为儿童的学习搭建脚手架，让他们在框架的帮助下攀爬得更快更高。

简报节选

潘妮娜老师和李丽敏老师就《美国名师游戏教学本土化应用》一书总结的阅读分享真好，他们不仅深入阅读了书本的内容，而且还把书本上的游戏进行改造并代入自己的课堂教学，这种敢于创新、勇于实践的精神值得我们每一位老师学习。熊文静老师的游戏课《小数点搬家》创设了学生非常喜欢的角色扮演的情境，让学生分组，通过扮演数字和小数点的方式亲身参与小数点的移动变化中来，真切体会到了小数点变化带来的数字大小变化的规律。郑红芳老师的数学游戏课《认识二分之一》通过一对双胞胎的旅行拉开了动手操作、体验式学习的序幕。让游戏走进课堂，学习就多了几分趣味，当学生成了游戏学习的主体，直接的感受让知识和技能的获得体验就更为深刻。

一起读书、一起交流、付诸实践、反思创造，这样的读书活动有意义，我们喜欢。

教研活动⑨

跟名师一起读书，智慧无穷

设计缘由

用知识促进内心的成熟，用知识剪裁魅力的衣裳，用知识铺垫幸福之路，读书让人学会思考，让人能够沉静下来，享受一种灵魂深处的愉悦。作为一名教师，读书是终身要做的事情，教师必须要跟上知识和能力更新的步伐；对处于研究状态的工作室的伙伴们来说，更应该持续不断地阅读。那么，除了读与我们工作室研究课题相关的书，教师还可以读哪些书？该如何去读呢？我想到了那些在专业上走得远、站得高的名师大咖们，他们每个人在成长的道路上无一例外都与书为伴，他们的读书经历和体会一定会给我们的教师带来启发。因此，我策划了一次"寻教育家之路，走向教育未来——深圳、江苏两地特优教师读书会"的大型跨省读书分享活动，分享的地点就在学校的礼堂。我们非常荣幸地邀请了来自江苏的各路特级教师与深圳本土的特级教师同台分享自己读书的经历。

活动目的

1. 了解来自深圳、江苏两地的教育名师为何读书、如何读书、读什么书、读书的收获。

2. 激发伙伴们的读书热情，认识教师为了更好地教书育人而读书的价值。

3. 激励伙伴向教育名师看齐，做一个爱读书、有内涵的人。

活动内容

1. 请特级教师讲述自己读书的故事。

2. 请教育名师推荐书目。

3. 撰写活动感受，与名师共读教育专著。

活动效果

（一）感受名师风采，激发教育情怀

通过本次两地教育名师读书分享会活动，我们近距离地走进教育名师的丰富内心，通过聆听他们分享的读书经历、读书感悟来体会名师的教育情怀。例如，才情四溢的特级教师王镇坤老师，为我们推荐了《教育照亮未来》这本书，她说，"细读犹如先生回来，从中我们可以领悟到'民国八大教育家'经典、普适、实践的教育理念。"她把体验到的教育智慧运用到自己的教育教学之中，让我们深深地感受到那种根植于心的慈悲教育情怀。

（二）愿与书为伴，创造属于自己的心灵乐园

伙伴们通过聆听教育名师的读书故事，启发了他们内心的思考，从他们写下的活动体会中我可以很清晰地感受到这次活动对他们的很大的触动。他们纷纷表示，能够在名师的引领下关注自己的内心，聆听自己灵魂深处的声音，创造属于自己的心灵乐园，静下心来读书，静下心来平和地面对教育、面对学生、面对课堂，这是每一位年复一年坚守在教育战线上的教师的幸福原动力。阳光智慧的特级教师项阳校长，与美术老师合作，亲自执教了有关"生命"的阅读课，让我们看到全新的"全课程阅读教学"的课堂教学模式。孩子们非常投入地学习，体会生命的意义，不断迸发出精彩的火花。

（三）结识名师，与名师共同成长

在读书中与教育名师心灵相通，我们相约一起坚持阅读，分享读书的快乐。这给年轻的伙伴们找到了最好的学习对象，也找到了共同成长的精神力量。例如，激情美丽的特级教师丁雪飞老师，给我们介绍了一套王荣生教授编著的《参与式语文培训资源》丛书。她引领我们慢慢读专业书，用心去细细品读值得阅读的书。其实，这个分享的过程就已经让我们的专业认知得到了提升。

活动感悟

"与什么样的人在一起，决定了你的层次"这是网络上流行的一句话，我想这就是影响的力量，这就是引领的力量。年轻的教育人选择与教育名师一起成长无疑是幸福的、幸运的，希望我们能站在前辈的肩膀上，走出属于自己的教育之路。

简报节选

深圳还是初冬，鹏城却热情似火。"深圳、江苏两地特优教师读书会"活动正在福田区福民小学如火如荼地进行中。与会的两地教育专家、特级老师展开了别开生面的深度对话。这项有意义的活动由项阳老师、康黎老师、王镇坤老师、于才老师等四位老师的工作室联合主办，各团队的成员积极地参与，聆听了这次有思维深度的读书会。这次读书会是一场饕餮盛宴，无论是从视觉上还是从听觉上，都让与会的老师万分激动，无比享受。

主持人是江苏特级教师穆传慧，通过高屋建瓴的引领，教海探航的激情解说，让我们心潮澎湃，真想成为他教育之船中的一员啊。

秀外慧中的康黎老师，引领我们打开了教育的另一扇窗——"全课程"教育。随着《夏洛的网》中的小猪"威尔伯"从书里走进孩子们的生活里，那么多有趣的故事随之而来，让我们看到生命教育是有着鲜活的生命力量的，这才是能让孩子真正快乐、有效学习课程的生命源泉。

幽默智趣的特级教师于才老师，向我们推荐了李希贵校长的《36天，我的美国教育之旅》一书，开阔了我们国际教育的视野，指引我们学会反思，吸取他人之长处。

正如本次活动的主题"寻教育家之路，走向教育的未来"一样，这些特级老师个个都有教育大家的情怀，心系国家的教育未来，立足自己的"试验田"。常读书，常思考，将自己的所思所悟，播撒在孩子们的心田里。最重要的是他们的读书热情引领了年轻教师成长，我们愿意跟着名师们读书，沿着名师们的足迹快步成长。

📖 教研活动 ⑩

我们的十点读书会

设计缘由

做教师平时很忙，要备课，要批改作业，还要参加很多的教学教研活动和学校的各种活动，所以教师读书的时间其实不多。坚持读书也是考验一名教师耐力的一件事情，很多伙伴因为工作忙而使得读书的效果并不是很好。好在现代技术给我们提供了便利，现在手机上各类的音频栏目形式多样，使用起来也很方便，利用这些栏目，我们可以听到各个领域的有深度的声音。"十点读书会"就是这样一个每天在晚上10点推送各类音频美文书籍的平台，里面有一个"共读图书馆"栏目，在那里面就有非常多的每月共读的各类名著和专业书籍的音频。我想，没有时间读书，听书也是一个不错的选择，况且每本书的听读都配套了电子版内容，有时间就看文字，没有时间可以听声音，这是一举两得的事情。晚上10点对深圳人来说不算晚，听读半个小时后安然入睡也符合很多人的睡眠习惯。因此，我特别策划了"我们的十点读书会"习惯养成活动。

活动目的

1. 解决教师没有很多时间读书的问题。

2. 在固定的时间里共读一本书并坚持下来，养成读书好习惯。

3. 读书内容与自己的教育专业相关联，大家在共同话题下进行深入交流与思考，促进其对教学专业理论水平的提升。

活动内容

1. 十点读书会，共读一本斯坦福大学最受欢迎的心理学图书《自控力》。

2. 十点读书会，共读《成长三部曲》。

3. 撰写活动感受，在微信群里进行读书感悟的分享。

活动效果

（一）组成了一个晚10点读书团

每天晚10点，团队的伙伴们准时打开手机，找到我们要阅读的书目，每天阅读的内容有固定的页数，在共读书目的下方还有讨论区，大家可以在下面发言进行讨论和分享自己的读书感受。就这样，我们形成了一个晚10点读书团。来自一个团队，拥有共读书目，这种感觉很奇特，让伙伴们感到新奇，更愿意跟随读书团子坚持下去。读书不难，坚持长期读书才难，让读书成为一种习惯是真正的荣耀，可喜的是，我们的这个读书团子给了伙伴们坚持下去的力量。

（二）开启了新的网络研修的模式

过去，我们总是采用面对面的方式进行教学和读书的交流、研修。对于来自不同学校的工作室成员来说，教研、交流需要通过调课来找到一个固定时间，这给大家长期的、实时地探讨带来了麻烦。而"十点读书会"给交流和探讨赋予全新的模式，我们可以借助新技术来完成教研活动的目标。读读书，在网络上谈谈感受，说说体会，是一件不难又有意思的事情。每天晚上10点，不见不散，等你哟！

活动感悟

新技术介入教育、教学、教研早已经不是什么新鲜的事情，在工作室管理中让技术参与进来，实现远程实时交流，是实现高效管理的有效手段，我们会坚持使用并不断对其进行完善。

简报节选

读书一直是大家希望能坚持去做的事情，但参加工作后总是因为各种原因而坚持不下来，尤其是白天上课、下课改作业、找学生谈心、处理班级事务等，这些占据了我们大量的时间；晚上回去，没有特殊的情况，我们都会选择比较轻松的休闲方式。以前知道有很多阅读APP，也关注了很多关于读书的公众号，刚好，工作室组织的网上共读活动给了我一个全新的体验。"十点读书会"给了我一个坚持阅读下去的理由。工作室的伙伴们每天晚上10点都准时相聚。我们共读的书目是美国斯坦福大学心理学家凯利·麦格尼格尔教授的《自控力》。这本书告诉人们如何改变旧习惯、培养健康的新习惯、克服拖延、抓住重点、管理压力；阐述了人们为何会在诱惑面前屈服以及怎样才能抵挡诱惑；诠释了为什么自控力非常有限以及培养自控力的最佳策略。这些对我们未来在课堂上对学生进行教育和引导具有很重要的意义。伙伴们就这个话题，对在课堂上出现的一些相关案例进行了深入的探讨，相互给对方出主意解决问题，这样的体验真好，不仅读了书，还解决了实际的问题。

教研活动⑪
大数据带给课堂教学的启示

设计缘由

　　大数据时代的到来，给人们的生活方式带来了巨大的改变。最早提出大数据时代到来的是全球知名咨询公司麦肯锡公司，它的创始人麦肯锡称："数据，已经渗透当今每一个行业和业务职能领域，成为重要的生产因素。人们对于海量数据的挖掘和运用，预示着新一波生产率增长和消费者盈余浪潮的到来。"

　　正如《纽约时报》2012年2月的一篇专栏中称，大数据时代已经降临，在商业、经济及其他领域中，决策将日益基于数据和分析而作出，而并非基于经验和直觉。哈佛大学社会学教授加里·金说："这是一场革命，庞大的数据资源使得各个领域开始了量化进程，无论学术界、商界还是政府，所有领域都将开始这种进程。"

　　中国教育大数据研究院由曲阜师范大学与中国统计信息服务中心合作共建，是我国首家基于大数据研究的教育高级智库，智库的建成将实现信息大数据与教育发展的深度对接融合，对于全面深化教育改革、促进教育公平、实现教育现代化、推动教育强省和教育强国建设将发挥重要作用。

　　当我从不同的渠道了解到大数据带给人类的改变，当我从百度搜索到大数据的概念，我深深地意识到这样一个问题：教育、教学的大数据时代同样已经到来，我们该做些什么？一线教师该如何认识数据，运用数据改变我们的课堂？于是，我觉得策划一次与数据相关的活动，来引发伙伴对大数据的关注与思考。

活动目的

1. 一起感受大数据的力量。
2. 搭建起数据与课堂教学的联系。
3. 感受数据带给课堂设计的变化。

活动内容

1. 共读《人人都说谎》一书，并结合教学教育体会写出读书感悟。
2. 成立课堂教学问卷设置分析小组，对课堂教学数据进行收集。
3. 数据促进教学设计完善的分享会。

活动效果

（一）打开了我们看待世界的另外一扇门

《人人都说谎》这本书的作者赛思·斯蒂芬斯-达维多维茨是一位前谷歌数据科学家和专栏作家。他研究发现，世界充满了谎言，人类或出于善意，或出于恶意，无时无刻不在说谎。这些谎言误导了我们的认知。但是，人们往往在一个地方放下戒备、吐露心声，那就是互联网。互联网为我们提供了真实而庞大的数据宝库。这就是我们现在说的大数据的力量。这本书中讲述了大量数据背后的真相。而我所思考的是，教育更需要大数据分析后的真实来指引我们走向更高效、科学的指导。例如，我们都知道教师的成长需要不断地进行课堂教学历练。过去我们评课都是基于经验或者主观感受，这无论对授课人来说还是对学生来说，指导价值都是有限的。如果在课堂观课中运用评价指标体系来进行数据监控，我们得到的数据就会对改进教学及教学设计产生有效的指导！现在福田区正在进行数据推动区域教育发展的改革，这是非常有价值的事情！这会让我们拨开教育迷雾找到真相并进行及时的改进！

（二）敲醒了我们沉睡的数据意识

一线教师特别重视传承经验，而今，我们却在信息时代面对浩如烟海的数据。那些数据背后的秘密，我们该如何获取？如何利用？这次活动仿佛敲醒了我们沉睡的数据意识。我们在团队合力下获取了一些课堂教学的数据，这些数据的获得至少让我们认识到以下几点。

1. 数据比主观感觉更为理性，为教学设计的完善提供了方向

从学生课后提供的问卷数据看，教师认为好的教学方式，学生不一定喜欢。学生接受知识的方式永远是我们研究的主题，作为教师要善于发现和了解学生需求。数据问卷的结果，让我们看到了平时我们不能看到的学生的内心需求，而这恰恰为我们的教学设计完善提供了方向。

2. 数据让我们更准确地发现学生个体问题，在教学设计上进行针对性帮扶

通过数据分析，我们发现一个学生在所有的问题上的选择都不是理性的，有些学生的问题集中在某一个面上。这都说明了有些学生的个体问题没有得到很好的关注和解决，一旦掌握了数据分析的方法，就便于对个别的进行有针对性的帮扶。

3. 数据为下一轮动态问卷设置提供帮助

每节课的问卷内容在不同的大框架下有一定的变化，前一次的问卷数据会为下一轮的动态问卷设置提供有效的帮助。

4. 数据让教学目标更为明确和准确

无论是学情前测还是教学后测，数据都为准确设定教学目标提供了帮助。

活动感悟

教师作为知识与能力的重要传授者之一，应该最先感受到时代变化的气息，这样我们的教学教研才能与时俱进，我们对人才的培养才能不偏离社会发展的需求。

简报节选

（一）运用数据分析，改进数学教学设计

现代技术的介入让课堂教学的效率得到了显著的提升，但我们对让课堂教学设计完美、高效的追求依然在路上。过去，我们评价一节课的设计是否有效、科学以及能否提高学生的学习兴趣主要是通过授课老师授课后的自我感觉和来自同伴观课的评课，而同伴的评课也是基于个人主观判断来完成的。因此，我们过去对课堂设计的有效性和对课堂效果的认知更多是停留在一些主观的感受和经验上。很显然，仅仅用经验或感受来判断教学设计与课堂效果是不能够真正地、全面地、科学地来评述的，甚至有些判断还给我们的课堂设计带来误导。如何更加客观地对教学设计进行有效的评述，进而真正提升教学效果呢？我想，一个非常重要主体的意见必须要介入，那就是学生的意见。对学生学情前测是常用的一种方法，但学情前测更多的是对学生知识基础和兴趣基础进行调查，对课堂过程及课后效果的监控却需要更为细致的数据来支撑分析。

（二）《人人都说谎》读后感

父母是否暗自喜欢男孩儿多于女孩儿？

电影里暴力镜头增多会导致犯罪率升高吗？

在贫穷家庭长大的孩子更有可能进入NBA，还是在中产阶层家庭长大的孩子更有可能？

名校对孩子一生的成长影响大吗？

成功的秘诀是什么？（这里我们把成功简单的定义为百度上相关词条的内容）

有多少人买了书真正看完了？

…………

你知道问题的答案吗，直觉会怎样告诉你？作者赛思·斯蒂芬斯-达维多维茨是一位前谷歌数据科学家和《纽约时报》专栏作家。在他的新书《人人都说谎（Everybody Lies）》里，他就谈到了社交媒体数据的欺骗性：因为爱面子，人们往往会把生活粉饰得多姿多彩。书中还提到，除了社交媒体，人们在很多场合，对于很多问题都会撒谎，尤其是对敏感问题。当问到人们对于仇恨、堕胎、抑郁、性这些问题的真实想法时，我们得到的往往是谎言。

但是，人们往往在一个地方放下戒备、吐露心声，那就是互联网。每一次搜索、每一次点击、每一次停留、每一次关闭……在线生成了大量的数据，暴露着你的真实想法、欲望、恐惧和职业，而海量的数据形成的真实而庞大的数据宝库会总结出意想不到的结论和趋势。

随着科技和大数据的发展，新的研究方法成为可能。赛思就找到了一个真实可靠、样本量全面的新研究方法，即研究谷歌搜索数据。不同于传统调查的局限性，当人们搜索各种信息或寻求帮助时，搜索数据能真实地告诉我们他们想要什么，喜欢什么，或是害怕什么。赛思更是认为，搜索数据是有史以来最重要的研究人类心灵的数据。书中从四个方面介绍了为什么大数据，尤其是搜索数据，能作为颠覆传统心理学和社会学研究的创新研究方法。

（1）能提供新型数据，即数据的独特性。

（2）能提供可靠的数据，即数据的真实性。

（3）允许我们放大子集，数据的样本量大。

（4）允许我们进行许多因果试验，数据用于研究因果关系。

我们传统的调查问卷，可能会直接询问学生，你喜欢这节课吗？就像你询问父母是否暗自喜欢男孩儿多于女孩儿，为了让自己在别人眼中表现得更好，他们的回答一般是不真实的。我们做问卷是希望看到我们的一些教育方式的变化对孩子的影响有多大，但我们忽略了一个很重要的因素，如果把一次创新的教学当作一次实验的话，我们有实验组却缺少对照组。换而言之，也许我们自认为优秀的改变之处，如果换成传统的教学方法，也许问卷的结果也差不多。因此，我们的调查似乎需要转变形式。本书中出现过一个例子是麻省理工学院的法国经济学家艾斯特·迪弗洛致力于找到最佳的方式来帮助全球最贫困的人口。来看一看迪弗洛与同事一起进行的如何改善印度农村教育的研究，那里有一半以上的中学生连一个简单的句子都读不了。学生学习吃力的一个原因是教师持续缺勤。她和同事把一些学校分为两组，其中一组（试验组）的教师，如果按时到岗上班，除了得到他们的基本工资外每天还会得到额外的1.15美元；另一组则没有额外出勤报酬。结果很明显，当教师获得额外的出勤报酬时，其缺勤率下降了一半。学生的考试成绩也大幅提高，对女生的影响最大。到试验结束，在教师得到额外报酬的学校里，女生可以写字的比例比另一组高出7%。当然在这里可以看到，我们的试验样本太少了，我们的试验也没有对照组。

赛思的大数据分析法对于我们的教育教学有何帮助呢？有了大数据，我们就可以使用新的调查方法，一个学校可以收集学生所有的数据资源，如学生个人信息、学业成绩、能力倾向、特长爱好、性格特征甚至社交网络等资源，基于此，教师可以进一步分析并深度挖掘其关键信息，时刻掌握学生的成长动态，帮助我们更好地判断和预测学生的态度或行为倾向，做出正确的决策。教师在学生数据收集和分析的基础上及时辨别不同学生学习数据的差异，挖掘数据背后的规律，从而加强教育及管理的针对性与精准性，更好地践行因材施教、个性化管理和多样化人才培养的教育思想。例如，运用大数据技术，建立学生的个人数据中心，将每个学生的日常学习内容、学习进度、学习时间、作业完成情况、课业成绩等信息记录下来，通过数据分析，区别不同学生原有的认知水平、学习能力、学习内容偏好和学习方法等，并在日常教学的各个环节中为学生提供个性化的学习和辅导方案，有针对性地减轻部分学生的学业负担，提高学生的学习效率，进而改善整个教学质量，最大限度地促进学生的学习和个性化发展，提升教育的意义。

还记得开头我的问题吗？

大数据显示，电影里的暴力镜头在放映当天到次日上午6点反而会使暴力犯罪率下降，但是从长期来看是会增加暴力犯罪率；经过作者调查在中产阶层家庭长大的孩子更有可能进入NBA；与你的直觉不同，名校对孩子一生的成长影响并不是那么大。让孩子成为名人的秘密：①你的孩子所住的地方有一所相当大的大学城（能早早接触到创新教育）；②你的孩子所在的城市是大城市。至于有多少人能将这本书看完呢？只有可怜的3%。相信这样的答案一定有一些已经与你的直觉不同了吧！

教研活动⑫

深度学习与简约教学

设计缘由

　　课堂教学改革经历十多年风雨历程，开始走进深水区。在课堂改革百花齐放的今天，作为一线教师我们应该保持怎样的一种思考的状态，又该如何面对教育教学中存在的种种现象？作为工作室主持人，我必须引领队员进行理性的思考。因此，我必须创造机会让伙伴们接触真正对教育有深入思考的教育行家的思想。2018年12月9日（周六），福田区教科院非常有幸地邀请了全国著名特级教师徐长青做报告。他给大家分享的主题就是"深度学习"。于是，我借此机会组织工作室的全体成员参与学习，并设计了以下学习活动。

活动目的

　　1. 聆听教育大家对课堂改革的深度思考，启迪伙伴们理性看待教学改革，寻找教育的内在本质。

　　2. 开阔视野，了解不同地域、不同风格的教师对课堂教学的不同认知，引发伙伴对教育的深层次思考。

　　3. 激发伙伴们参与教学改革实践的激情。

活动内容

　　1. 听特级教师徐长青的专题报告《深度学习与简约教学》。

　　2. 伙伴们谈学习感想。

　　3. 开展三节课堂教学研究课，在课堂实践中理解和领会"深度学习与简约教学"。

活动效果

（一）引领团队成员找到对教育改革思考的方向

对于一线教师来说，观课、议课基本都是就课论课，是点对点的思考。但作为工作室里的科研型教师就必须要站在更高的层面上去看待教育，从宏观上把握教育发展的方向，要具备这样的能力和实力，是需要从高手处取经、多方听取教育名家的言论、不断思考才能成长的。这次特级教师徐长青的专题演讲从最初的教师个体成长历程到对教育理解的成长历程的讲述引起了伙伴们思想上的共鸣，让我们体会到了教育者的责任和教育改革的初心与追求。这次活动可以说从一定程度上引领团队成员找到了对未来教育思考的方向。

（二）让伙伴们在课堂实践中体验了深度学习与简约教学的辩证关系

学习结束后，我让3位伙伴带着对"深度学习和简约教学"的理解准备了三节研讨课。我们利用课堂设计与教学把前辈的理论推向了更接地气的层面。"大道至简"是伙伴们对这一轮课堂教学设计的总体感受。过去一支粉笔一张嘴就是老师所有的教学武器，那也培养出了很多影响中国发展历史的大人物。今天，当更多的新式武器走进课堂，作为教师，我们不能够迷失，不能够被这些工具绑架，成为技术的奴隶，而应该深刻地解读教材，运用技术，用最简约的设计引领学生走进研究的状态。三节课都呈现出走出浮华、走向自然的状态，看来大家对名家的讲座是领悟了。

活动感悟

　　只有理论与实践相结合才能真正走进思想的内在。无论是教学还是其他事情，要想对一个理念一个想法正确、全面地解读，就要用"行动+思考"的方式来推动。这是这次活动带给我最大的感想。

简报节选

周末，瑟瑟寒风无法阻挡我们学习的热情。2018年12月9日上午在园岭实验小学的二楼阶梯教室里如火如荼地进行着一场由天津市特级教师徐长青带来的"深度学习与简约教学"的小学数学专题培训活动。

在培训中，徐长青院长谈道："教无定法，教师要在适度、可控的距离内将'带得走的知识'传授给学生。在教学过程中，教师要'走近'学生，引领学生；而非'走进'学生，填鸭式教学。"

教师在备课时，要有明确的定向目标，才能让教学每时每刻无条件发生。学生通过探究"因为"的直觉体验而得到代入感；再通过探究"因为—所以"的知觉体验而得到获得感；在此基础上，学生通过探究"因为的因为—所以的所以"的智觉体验进一步得到成就感；最后，慧觉会以弥散的形态呈现出来，使学生得到幸福感。

此次培训高屋建瓴，切合实际，简约不简单，引起教师的强烈共鸣。而教师在教学上有了新的认识，明白只有经过人生的淬炼，才能完成自己人生的裂变，成为自己。

4

实践与思考

"纸上得来终觉浅，绝知此事要躬行。"一线教师组织课堂教学、课堂传授知识、课后教导学生绝不能纸上谈兵。实践是成为一名合格的老师，进而逐渐成为优秀教师、卓越教师的必经之路。在英国，要成为一名教师，从入大学的第一天起就伴随着学校实践的课程，而且越是接近毕业，在学校实践的时间越长。可见，教师这门技术活是要靠经过真金火炼才能出师的。我在下决心带领这个队伍前行的时候想得最多的是如何能够让老师们在丰富的实践体验活动中完善自己。

　　教师研究的阵地始终是课堂，所有的学习、组织、策划最终还是要落实在课堂上。因此，教学改革的实践就是工作室的主要活动目标。围绕工作室申报的"小学数学游戏化学习在课堂教学中的实践研究"这一课题。我在研究过程的形式、方法、策略上进行了周密思考，确定了组内教研、跨校联合教研、跨省联合教研、网络教研、专家指导教研、公益教研等形式的教研活动，并且每次教研活动都有主题，有目标，争取有成果。

　　我衷心地希望小伙伴们能够在摸爬滚打的实践中成长、成熟，能够在行动之余静心思考，让行动催生智慧，让思考成长内心，那时，才是真正的内外兼修，浑然天成。

教研活动 ⑬

游戏化学习在行动

——基于课题研究的教学研讨活动

设计缘由

收到"小学数学游戏化学习在课堂教学中的实践研究"的省级、市级课题的立项书后，我一直在思考：怎么把开题工作做成一次真正能触动成员向研究型教师发展的研讨活动？我还清楚地记得，工作室未来要落实的培养目标之一就是要让成员成为爱思考、爱学习、会研究的教师。而省、市级课题的开题刚好是一次非常好的培训契机。可以说，工作室申报的这个课题能够在省级、市级课题通过率只有50%的严苛状态下立项，说明我们这个课题的选题方向是准确的，课题研究是非常有价值的。如何能够让成员意识到这些，提升他们对这一课题研究的自信心是非常重要的；如何把有价值的课题科学、规范地研究下去产生一定的科研成果也是非常重要的；如何进行选择科学方法、运用工具量表、撰写研究报告等基础能力的培训同样是非常重要的。就是带着这个思路，我设计了这次"游戏化学习在行动——基于课题研究的教学研讨活动"。

活动目的

1. 培养工作室成员的课题研究能力。

2. 提高工作室成员对科研的认识和理解能力。

3. 为省、市课题的今后工作的开展做好充足的准备。

4. 理解掌握开展课题研究的一些常用方法和工具。

活动内容

1. 分组参与、学习撰写开题报告。

2. 分组进行开题会的准备工作。

3. 主持人做课题的开题汇报。

4. 聘请大学教授、市教科院科研专家、一线教育科研名师进行课题开题论证和专题讲座。讲座内容：①什么是好课题？②一线教师如何开展课题研究？③如何总结课题研究成果？

活动效果

（一）顺利完成了开题工作

本课题在申报前已经在我所在的学校实验了一年的时间，我们已经完成了前期的问卷调查、基本研究框架的搭建和课堂实践等工作，加上专家在行文、定位等方面给出的一些建议，我们很顺利地完成了开题工作。

（二）工作室成员对课题及课题研究有了比较系统的认识

开题前，我们对整个开题准备工作进行了非常细致的分工。全体成员分组对我撰写的课题申报书进行了阅读和交流，也对这份课题申报书提出了新的想法和建议。全体成员分组对开题的规范流程进行了学习，也针对各个流程做了充分的准备。我们选出了课题研究内容中主要板块的负责人，对该板块的研究内容进行了深入的解析。经过前期一轮工作的准备，伙伴们对课题内容及课题研究的流程有了比较全面和系统的认识。这是非常重要的一个收获，我们通过任务驱动完成了一次教育科研的自我培训工作。

（三）专家引领我们的研究走向专业

一线教师做课题最大的优势在于行动力强，因为一线教师的主要教学工作就是通过一节又一节的课例来完成的。当然，最大的问题在于缺乏专业的顶层设计能力和专业的成果提升能力。本次活动我们非常荣幸地邀请了深圳大学高教研究所的所长李均教授专门给伙伴们讲授如何做课题。李教授从如何选题、如何写课题申报书、如何开展有效研究、如何借助工具进行研究等方面给大家做了详细的讲解，如一场及时甘露，而且是我们一线教师都听得懂、做得到的。李均教授对课题的指导和建议以及专题讲座，对一线教师做课题研究的帮助是巨大的，他使得那些原来只知道做，却很少思考为什么出发、去到哪里、收获什么的伙伴找到了专业之路的方向。

活动感悟

课题研究并非难事，只要善于发现问题、关注问题、想办法解决问题、归纳出解决问题的策略并使之成为可被人借鉴和推广的经验就可以很好地做课题研究了。只是在这其中，我们要力求方法科学、操作规范、定位高远，那样我们就更接近研究型教师了。

简报节选

我们这次请来的四位教育科研专家都有着非常丰富的科研经验，他们分别从什么是好课题、一线教师如何开展课题研究、如何总结课题研究成果三方面对我们的教师进行了非常专业的培训。例如，深圳大学高教研究所所长教授李均认为，游戏化课题抓住了数学教育中的关键问题，是基于关键问题提出的，具有重要的教育意义。课题的切入点比较小、针对性强，这就是一个好课题。一线教师做课题的关键是要找到研究的入口，教学工作中遇到的实际问题，我们通过实验研究、学习、思考，想办法去解决它，其实就是在进行小课题研究了。深圳市教科院的李贤博士提醒课题组的教师，要不忘初心，始终牢记逻辑起点——探索常规课堂和数学游戏的对比实践，最终回归数学本真。李贤博士提出，游戏的评价可以更加多元化，在用量表量化的同时，可以增加定性描述，把学生日记或家长反馈的对数学课堂的感受，作为游戏化教学的评价手段之一。这给我们的研究提供了一个不同的视角。闻佳鑫博士建议课题组教师多设计问题导向式游戏，并参考借鉴PBL（Problem Basic Learning）"问题导向学习"的相关资源。对于游戏的来源途径，既可以通过改造经典游戏（如利用侨牌开发数学思维），也可以自己原发创造设计。张玉彬教授指出，创造设计的游戏，要阶梯式引进，及时学习和反馈，并及时给予奖励；对于游戏成果的呈现，如书籍、著作等，可以加入微课资源库，让一线教师可以通过扫二维码进行观看，这样不仅可以给教师提供更加直观便利的教学资源，而且可以推广工作室的研究成果。

课题主持人康黎老师讲道："随着信息化教育的发展，游戏APP应运而生。如何把游戏融入课堂、为课堂服务，成了教师思考的热点。孩子们喜欢游戏，玩游戏时专注度高，因此，要想把枯燥、抽象化的数学课堂教学模式转化为学生喜欢的方式，游戏化是一条很好的路子，也是我们开展这项课题研究的初衷。"在前期的准备工作中，课题组成员设计了大量游戏化课堂教学精品案例和4套不同风格的游戏化试卷；录制了26节"丑小鸭直播室"数学游戏课，以及三年级下册整套微课视频；收集了问卷并进行分析和研究，完成了第一阶段的调查报告。在中期的行动中，课题组将进一步思考游戏设计与游戏教学组织的可操作性和合理性，并把游戏化学习的策略与案例划分为四大内容板块，尝试着让经典游戏与教学内容贴合，同时继续借助公益平台，完成游戏微课的录制，提高教师对游戏化教学的运用能力。

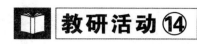

他山之石，可以攻玉

设计缘由

在我们工作室里，成员大致可以分为三类。第一类是年轻教师，这些教师参加工作时间短，课堂教学经验稍弱，比较适合用直接参与实践的方式来培训，通过不断上课来增加他们的实战经验，每次课后的点评也是直接对症地指点，这样效果会很明显。例如，每次工作室的研讨活动我们都会专门安排两位年轻教师上研究课，通过这种方式来磨砺他们的课堂教学技巧和对教材、学生的认知。第二类是有一定教学经验的教师，其实当初在选择工作室成员的时候，我也有意识地选择了一部分比较成熟的教师，对他们的培养模式就不能仅限于课堂实践，还需要为他们搭建能够更上一层楼的平台。第三类是成熟型的教师，这一类教师是团队里的宝贝，他们在团队中是核心、是主力，工作室需要给他们提供展示能力的空间和舞台，让他们在展示与示范的过程找到自己未来发展的方向。这三类教师，我们要分门别类、有针对性地对他们进行培养。这次活动就是我特别策划的一次针对第二类教师培养的活动。"他山之石，可以攻玉"，我希望他们能够走出去多看看高规格一点的课堂展示活动，所以我联系各方，想尽办法能够让他们去参与观课、评课活动。

活动目的

1. 给工作室中比较成熟的教师搭建适合他们成长的平台。
2. 通过做评委观课、议课、评课来锻炼他们对课堂教学的整体把控能力。
3. 通过体验触动反思，引导他们在课堂教学中发现自己未来发展的方向。

活动内容

1. 组织成员学习如何观课、评课，如何使用观察工具和量表。

2. 聘请专家来给伙伴们讲授观课、评课的方法与策略。

3. 以工作室里年轻教师的课为例来进行观课、点评并思考更科学的评价指标。

4. 推荐较为成熟的教师做各校级比赛的评委。

5. 写观课、评课的体会。

活动效果

（一）通过任务促进学习，收获观课、评课方法和技巧

在整个活动过程当中，我们前后共把5位比较成熟的教师推荐到校级的赛课中担任观课、评课的评委工作。要具备做评委的能力，不能只靠临场发挥，还要靠扎实的专业知识、先进的教育理念和对教育的深刻理解。因此，在这几个成员出发做评委之前，我要求他们一定要做好前期准备工作。首先，先读专业点评类的书籍，清晰地知道观课要从哪几个方面、哪几个指标来进行观察；清楚地知道如何在一节课中观察教师和学生及其互动的状态，如何利用观察工具和量表来记录观察数据，如何利用数据进行较为专业的推理和点评。其次，研读教材，提前了解对方上课的内容，并对授课内容进行深入的解读，以便在点评中能够呈现出专业扎实的基本功。最后，学习评课技巧，智慧的点评既能够让授课教师看到自己教学中的不足，又能激发他们对未来课堂教学的信心。

（二）通过活动反思促进教师内省，取长补短收获内心成长

活动结束后，我要求参与评课的教师必须写总结反思，要求他们对整个观课、评课的情况进行一个详细的文字描述，特别是对在做评委之前和做评委之后对课堂教学的认识进行一个对比思考。写反思就是把评价别人课堂的过程转化成一种对自己课堂教学水平进行评价的过程，这非常有助于教师找准自己专业上的短板，进而取长补短，提升自我。同时，在参与活动后，我还要求这些教师必须把学到的一些经验带回来，分享给团队的其他成员，这在团队中也起到了一个相互学习的作用。

（三）利用对话平台，增强了老师的专业自信心

这些比较成熟的教师虽然在课堂教学上或在对教育的理解上有自己的独特想法，但是因为平时没有那么多机会向外界表达自己的想法，所以他们对自己的专业水平在同行中到底处在一种什么样的位置上，并不是很清楚。以他们的水平目前是属于卓越教师，还是优秀教师，或者还只是一个比较成熟的教师。通过这种直接对外参与实战的观课、议课体验，我们有意识地为他们创造了一个更高的台阶，让他们有机会去看他人、想自己，增强了他们的自信心，同时在后期对团队的带动上，他们也变得更为积极和主动。

活动感悟

　　因材施教是我们教师最熟悉的教学策略之一，工作室团队是个小班化作战团队，占据了天时、地利、人和。因此，因材施教、因需而动在工作室小班化的状态下可以尽力而为地为每个成员谋好福利，为他们进行量身定制成长计划，进而促进他们各自得到最好的发展。

简报节选

观课、评课学习之行

周五（5月19日）上午，康黎名师工作室成员赖丽霞、黄涛老师非常荣幸地参加了福民小学的听课评课活动，课后我们与执教的邓老师、王老师和福民小学数学科组长杨老师一同评课、议课，收获满满。

执教的两位老师都非常尊重孩子，发挥学习方式的多样性，愿意让学生去说，同桌说、小组讨论，给予更多的机会让学生去表达自己的想法。小组合作学习特别棒，小组分工明确，围绕老师提出的问题或小组的学习任务，小组成员都能马上参与、积极地讨论、大胆地发表自己的观点，学生都非常能"说"，能比较清晰地、严谨地表达出自己的想法，在学生说的时候，其他学生都能比较好地倾听，敢于提出问题和质疑，学生的语言、文字表达都很规范、完整。小组的训练和学生的听说能力都让我们为之赞叹。

议课时，王老师与我们分享了她在小组合作学习这方面的一些做法和经

验，功夫在平时、善用学生资源、提高学习效率，这些都让我们获益匪浅。两位老师上的都是六年级的复习课，对于复习课怎么上，我们与杨老师、王老师、邓老师一起交流了想法。例如，在我们平时的教学中，像这样的复习课，在注重归纳、总结、分类的同时，是否可以尝试创设一些丰富有趣的情境，设置问题串，让复习课更具趣味性、挑战性，让孩子的思维更具深度和广度。

初次独立地观课、听课、评课，感觉到我们观课的角度还略显单一，观点的表达稍显单薄，但给了我们一个很好的机会去观摩学习别人的做法，开阔我们的视野。

教研活动⑮

课堂观察在行动

设计缘由

每个月，工作室都会安排2名教师进行"小学数学游戏化主题课堂教学"研究课的展示活动，其他成员会在参与前期小组设计的基础上进行现场观课和评课。过去的研究课展示活动，听课教师往往就是带上一个本子和一支笔，听到什么记录什么，课后进行一个直观感受类的评课，说说主观感受到的优点和不足，很显然这样做不够专业，在这样的状态下给出来的建议和评价对授课教师的帮助也不大，因为没有评价标准和评价目的的观课、评课少了针对性和客观性。那么我们到底该带着怎样的准备去观察课堂呢？我想，既然研究课的主题是"游戏化教学"，那么我们首先要设计出基于"小学数学游戏化教学"的观课评价指标。观课教师带着这个观察指标进入到课堂才能开展有的放矢地课堂观察，观察后对产生的数据进行深入分析，也才能为比较科学、准确的评课提供依据。正因为有了这样的初衷，我设计了本次活动。

活动目的

1. 规范课堂观察行为，培养教师科学、专业的课堂观察能力。

2. 收集数据，培养教师运用观察数据来进行课堂分析、给出改进建议的意识。

3. 提高教师观察课堂、研究课堂的综合能力。

活动要求

1. 设计游戏化学习的课堂观察量表。

2. 运用观察量表进行课堂观察。

3.写课堂观察笔记。

4.进行课后交流。

活动效果

（一）制定课堂观察量表，提升教师科研能力

制定课堂观察量表是非常难的一件事情，它要求制定者必须非常熟悉课堂、熟悉游戏化学习的理念、了解学情、理解教材设计意图等。量表设计者还要充分考虑观察的维度、观察的指标、观察的情境等因素，保证设计的科学性和可操作性。因此，我们在做这件事情的时候非常慎重，应该说我们是在做一件独创的事情，意义重大。第一阶段，我把任务分给四个小组来共同完成。设计最初，各个小组不能相互通气，每个小组都要根据自己组员对课堂观察量表的理解提出自己的观察量表设计方案。其目的就是为了真正打开大家的思路，真正做到多角度思维。第二阶段，我为他们提供了多种版本和内容的观察量表作为参考，以便他们对观察量表有更为深刻的认知。第三阶段，走进课堂运用量表进行观课实验。第四阶段，调整、完善课堂观察量表。在这个过程中，伙伴们真正做到了走进课堂、思考课堂、走进学生、思考方法、全面考虑、精心设计，其科研能力得到极大的提升。过程中各位教师对关于测量、评价的专业知识也进行了补充，这是一次非常难得的科研体验。最后，我们专门邀请了相关专家来帮助审核观察量表的科学性和可操作性，最终形成了基于"小学数学游戏化学习"的课堂观察量表。

数学游戏课观察量表：

表1　教师行为观察量表

序号	行为类别		
1	教态	亲和（　）　严肃（　）	肢体动作得当（　）
2	语言	简洁（　）　幽默（　）	富有情感（　）　稍有啰唆（　）
		是否有口头禅：是（　）　否（　）	
3	讲解	持续时间（　）	
4	提问	提问次数（　）	导入时（　）次
			新授/探究时（　）次
			练习时（　）次

续 表

序号		行为类别		
4	提问	是否有追问：是（ ） 否（ ）		
		是否鼓励学生提问：是（ ） 否（ ）		
		是否有生成式提问：是（ ） 否（ ）		
		生成性问题：		
5	回答	提问前，先点名（ ）次		
		提问后，齐答（ ）次		
		提问后，举手回答（ ）次		
		提问后，未举手者答（ ）次		
		提问后，改问其他同学（ ）次		
6	理答	打断学生回答，或自己答（ ）次		
		重复问题或学生答案（ ）次		
		回答不理睬或消极批评（ ）次		
7	表扬	表扬次数（ ）次		

表2 学生行为观察量表

序号		行为类别		
1	独立思考	时长（ ）		
2	合作学习	小组内人数（ ）人		
		小组组成形式		同桌（ ）
				前后（ ）
				其他（ ）
		合作学习形式		小组讨论（ ）
				分组操作（ ）
				问题抢答（ ）
				辩论（ ）
		小组内分工是否明确：是（ ） 否（ ）		
		是否每个人都有参与：是（ ） 否（ ）		
		是否有操作材料：是（ ） 否（ ）		
		合作学时时长（ ）		
3	问答	个人回答问题次数（ ）次		
		集体回答问题次数（ ）次		
		学生是否主动提问：是（ ） 否（ ）		
		问题：		
		是否有其他同学的补充回答：是（ ） 否（ ）		
		针对某个问题，学生是否产生争辩：是（ ） 否（ ）		

表3　游戏设计、实施观察量表

序号		游戏设计评价	
1	目标评价	是否有助于教学重难点突破：是（　）否（　）	
		是否有趣：是（　）否（　）	
		学生参与度是否高：是（　）否（　）	
2	游戏评价	游戏名称	
		游戏所在环节	导入（　）探究（　）练习（　）
		游戏时长	
		游戏参与广度	全体（　）小组（　）教师与个别学生（　）
		游戏规则是否简洁明确：是（　）否（　）	
		是否有示范：是（　）否（　）	
		是否有游戏材料：是（　）否（　）	
		材料	
		游戏名称	
		游戏所在环节	导入（　）探究（　）练习（　）
		游戏时长	
		游戏参与广度	全体（　）小组（　）教师与个别学生（　）
		游戏规则是否简洁明确：是（　）否（　）	
		是否有示范：是（　）否（　）	
		是否有游戏材料：是（　）否（　）	
		材料	
		游戏名称	
		游戏所在环节	导入（　）探究（　）练习（　）
		游戏时长	
		游戏参与广度	全体（　）小组（　）教师与个别学生（　）
		游戏规则是否简洁明确：是（　）否（　）	
		是否有示范：是（　）否（　）	
		是否有游戏材料：是（　）否（　）	
		材料	
3	游戏总时长		

（二）撰写观察笔记，提升教师评课专业质量

当观察量表走进课堂，我们的观察数据就成了真实可信的原始观察依据，结合观察到的相关数据，教师写下自己的观察笔记和改进建议，使得评课环节的专业性得到提升。数据收集从情境、学生、教材、方法、教师设计、实施策略等，涉及课堂关注的方方面面。教师在收集数据过程中的多角度思考促使他们对课堂教学的理解走向纵深，这是对观课教师的考验，也是参与教师得到最好专业提升的一次机会。

活动感悟

越来越多的老师惧怕被评课进而惧怕上展示课的原因，是因为评课教师的点评和指导往往太主观，好坏有时仅在一念之间。而真正的课堂评价需要真实的观察数据来做支撑，只有站在学术研讨的高度上才能让上课的教师得到应得的尊重，才能让评课具有价值。

简报节选

表4　康黎名师工作室游戏教学课堂观察记录与分析

上课学员	郑晓萱	学员单位	彩田学校	观察对象	五年级	观察时间段	2017年6月8日9：50—10：30
授课内容	转盘游戏		观察者	罗　梅　苏振菊 李丽敏　黄卫华 张小晶		执笔	张小晶
观察点	游戏过程客观描述		游戏实施优缺分析		游戏教学调整建议		
游戏的情境创设（激发学生学习兴趣的问题情境创设）	教师用亲切而简洁的语言开门见山地提出本节课的学习任务和方式，玩数学游戏，思考数学问题，激发学生兴趣		引入环节简洁、高效		可以增加课前游戏互动环节，作为一节课的热身运动，激发学生学习兴趣		

上课学员	郑晓萱	学员单位	彩田学校	观察对象	五年级	观察时间段	2017年6月8日9：50—10：30
授课内容	转盘游戏		观察者	罗 梅 苏振菊 李丽敏 黄卫华 张小晶		执笔	张小晶
观察点	游戏过程客观描述		游戏实施优缺分析		游戏教学调整建议		

观察点	游戏过程客观描述	游戏实施优缺分析	游戏教学调整建议
游戏的设计与实施（游戏设计的内容、环节，具体实施措施）	游戏一：转盘游戏。电脑随机抽取班上10名学生参与转盘抽奖游戏，10名学生每人背对转盘转动转盘，一人记录获奖数据。最后根据数据猜测转盘如何设计的？	游戏一：游戏过程顺利，教师对游戏过程引导、评价到位。但是整个游戏过程的目的是让学生初步感悟可能性大小与转盘设计有关，因为样本数量只有10次太少，而且教师最后也没有让学生看到转盘的设计，没有对预测结果进行验证，游戏的目的性不是非常明确	游戏一：增加游玩的次数，提高样本数量。修改转盘设计，原来的转盘四个奖项面积比较接近，可以加大四个部分面积区分度；最后游戏后让学生根据结果猜测转盘设计后，展示转盘真面目，让学生验证自己的猜测
	游戏二：摸球游戏（一）。小组每人轮流摸一个球，记录后把球放回袋子里。每组摸20次，在表中记录结果，根据统计结果，估计袋中哪种颜色的球多？	游戏二：教师在游戏前的示范讲解非常细致到位，讲清楚摸球中的注意点：不看袋子，摸球后放回去，记录结果，打乱后再摸。因为把活动注意点都在示范讲解环节解决了，所以每组游戏时就非常高效和有序。结果全班9个小组3分钟就都完成了实验和结果记录。目标达成度很高。但是最后全班交流总结环节教师引导、总结、提升环节不够到位，板书"规律性"不够恰当	游戏二：小组汇总后，可以进行全班再次汇总，并让学生猜测袋中球是怎么放的。让学生完整经历"猜测—试验—验证"的学习过程。最重要的是，让学生明白事件发生的概率仅只是可能性，而非确定性

那些日子，我们一起走过——一位名师工作室主持人策划的39次教研活动

续表

上课学员	郑晓萱	学员单位	彩田学校	观察对象	五年级	观察时间段	2017年6月8日9：50—10：30
授课内容	转盘游戏		观察者	罗　梅　苏振菊 李丽敏　黄卫华 张小晶		执笔	张小晶

观察点	游戏过程客观描述	游戏实施优缺分析	游戏教学调整建议
游戏的设计与实施（游戏设计的内容、环节，具体实施措施）	游戏三：摸球游戏（二）。组长随机在袋子里放三种不同颜色的球，每组一共摸球20次，在记录单上记录，然后推测哪种颜色的球多？	游戏三：因为游戏中，三种颜色的球不是教师指定，而是组长随机放的。所以每一组的实验材料和体验是不同的，就不利于后续小组的展示和交流，思考和提炼。如有组学生出现结果8次红球、8次篮球、4次绿球时，并汇报其中放的球是1个红球，2个篮球，6个绿球，学生对其中的原因说明更不知所以。环节设计的目标不够清晰	游戏三：建议重新设计游戏玩法和规则
	游戏四：设计转盘。老板设计了一个转盘，上面画了笑脸和哭脸两种图案，每个小朋友六一当天可以转一次转盘，转到笑脸获得一杯饮料，转到哭脸没有奖励。 （1）如果你是老板，你会怎么设计转盘？ （2）如果你是小朋友，你希望转盘怎样？	游戏四：整个环节开放内容、时间和空间，让学生自主设计，意图非常好。但是游戏转盘的设计老师已经将圆盘等分成6等分，限制了学生思维，不利于学生有个性的设计和展示，能力要求也低于五年级学生水平	游戏四：设计环节，根据五年级学生年龄特点和能力水平，放手让学生设计转盘和游戏规则，可能会产生很多意想不到的精彩

上课学员	郑晓萱	学员单位		彩田学校	观察对象		五年级	观察时间段	2017年6月8日9：50—10：30
授课内容		转盘游戏	观察者		罗　梅　苏振菊 李丽敏　黄卫华 张小晶			执笔	张小晶

观察点	游戏过程客观描述	游戏实施优缺分析	游戏教学调整建议
游戏的目标与达成（游戏设计对学生知识理解和深化，实施过程中对学生思维、能力的启发和引导）	游戏一：游戏结果。一等奖2人，二等奖4人，三等奖1人，谢谢惠顾3人。要求根据结果猜测转盘是如何设计的，并以此引导学生根据结果和生活常识推测一等奖最少，谢谢惠顾是多少等	游戏一、二通过摸球活动让学生进一步认识客观事物发生的可能性有大小。感受可能性的大小与袋中所放球的数量之间有密切联系，并在"猜测—试验（游戏）—验证"中感受实验是验证猜想、获得结论的重要策略之一。学生参与度高，目标达成比较理想	明确每个游戏环节的预期达成目标，以教学目标引领游戏设计、活动开展和学生活动评价
	游戏二：学生分组有序游戏，气氛活跃，100%学生参与游戏。每个小组在3分钟内全部完成摸球游戏和统计结果展示		
	游戏三：小组长在袋中放三种颜色的球。然后每组摸球20次，记录并完成学习单的填写。学生游戏时间6分48秒，全班展示交流3分24秒	游戏三、四，学生活动环节体验充分，但全班交流展示环节效果不理想。例如，游戏四的展示交流环节，很多孩子将转盘全部设计成哭脸或笑脸，教师引导不够明确	了解可能性教材编排体系，每个阶段的内容和目标，可以为本节课的设计、展开、引导和总结提供保障
	游戏四：学生在已经6等分的转盘上设计笑脸和哭脸。并说说自己是以什么身份设计的，为什么这么设计？		

上课学员	郑晓萱	学员单位	彩田学校	观察对象	五年级	观察时间段	2017年6月8日9：50——10：30
授课内容	转盘游戏	观察者	罗　梅　苏振菊 李丽敏　黄卫华 张小晶			执笔	张小晶

综述与思考	郑晓萱老师教学基本功扎实，教态自然，落落大方，普通话流畅，数学语言清晰简练。对学生游戏环节的示范、指导和讲解细致、规范、严谨，对学生回答问题的质疑、提炼、归纳也比较及时和到位。特别是整堂课设计的教具、课件都比较精美，很好地激发了学生参与活动的积极性和兴趣。同时，本节课也带给我们一些思考： （1）如何设计有效的数学游戏活动？数学游戏，是学生学习数学知识的一种喜闻乐见的教学形式。好的数学游戏，不仅可以让学生轻松、愉快、有效地掌握知识，而且可以激发他们学习数学的兴趣，丰富他们的思维想象能力，发展他们的潜能。但是，我们如何依据教学目标，精心设计游戏内容，把教学内容的重点、难点与学生游戏有机地结合起来，将教学目标渗透到数学游戏的各个环节之中，让学生主动参与、全员参与、在动态生成的数学游戏活动中达成教学目标，是我们需要继续思考的问题。 （2）如何有效地解读数学文本？摸球游戏是统计与概率板块内容，整个小学阶段，统计与概率板块的知识编排是怎样的？在此课之前，学生在二年级时已经学习了客观事件出现的可能性；在三年级时学习了客观事件出现可能性的大小，认识到可能性的大小与相关条件有着密切的关系；五年级再来通过摸球游戏进一步学习可能性。这节课学生的知识生长点和延伸点是什么？这些都有待我们去研究和思考

教研活动 ⑯

分组行动，我们最棒！

设计缘由

随着有共同教育理想的伙伴越来越多，愿意加入我们工作室的人数也越来越多，很多教师不要名分，不要学时，只是想单纯地跟着团队学习，这一点让我非常感动。所以，我们的队伍日益壮大，原来工作室有12人，现在有30多人。虽然说人多力量大，但是一项主题研究活动下来，真正参与实操的人数却是有限的。如何有效地管理好这些人员，让每一位教师都有参与的机会呢？思来想去，我对工作室的成员进行了分组，我想通过分组合作的方法让每个人都能有更多的机会参与活动。关于分组合作学习方法我个人有近十年的思考和实践，还写了一本专著《"1+N的力量"——小学数学合作学习的实践与思考》。其中，我对班级学生的小组式学习管理颇有心得。我想，对工作室人员的学习管理也是一个道理，要想让每个人都能有所收获，就要尽可能地为他们创造参与和体验的机会，要想让他们有更多的创意就不能完全靠主持人一个人的想法来做事，于是我开始尝试在工作室管理上施行"整体谋划，分组管理"的模式。我把工作室成员分为4个小组，每个小组在整体活动主题框架下，可以发挥个体主观意愿选择小组主题来进行研究。我们加大了小组研讨的宣传力度，每次小组备课、研讨、展示，我们都会专门制作简报，在成员考核中，我们也特别加入了参与小组研讨活动的分值。工作室很多大型活动，其实在真正开展之前，各个小组已经在组长的组织和策划下完成了前期的研讨和演练工作，这也大大提高了每次大型活动的效率和质量。

活动目的

1."整体谋划，分组管理"，保证工作室管理的高质、高效。

2. 通过分组活动为每个人提供直接参与、体验研究的机会，切实做到让每个人都得到充分发展。

3. 小组竞争，促进研讨的个性化、创新性，增强教研活力。

4. 促进组员和谐发展。

活动内容

1. 分组并选出组长（自由组合+推荐组合的分组方式）。每个小组成员人数基本相同。

2. 分组开展读书、学习研究、听课、评课及交流活动。

3. 以小组为单位，分解整体研究任务，使得课题研究向深度延展。

4. 小组活动简报交流。

活动效果

（一）组内自我培训发展，促进研究成果多样化

工作室成员分组进行主题活动后，因为小组内成员不多，所以大家相互交流与直接参与的机会大大增加了。虽然大家来自不同的学校，但是成员之间经常在一起磨课、研课，那些有经验的教师从不吝惜地将自己教学中总结出的好方法、好点子与他人分享，而年轻教师又非常虚心受教，这大大提升了团队内成员自我培训的效果。在分组后短短一年多的时间里，各组的伙伴们共计独立完成磨课、备课、评课交流12次。每一次活动他们都有非常详细的研讨记录和活动简报，伙伴们在这一次次的磨课和讨论中教学水平都有了显著的提高，特别是评课的能力有了很大进步，他们正在向着专业的方向前进。他们在小组成员的相互带动下都已经学会用观测数据和指标来分析课堂，改进课堂，完善教学设计，这使得我们的研究成果也更具多样性，真正呈现出了教无定法的教学样态。

（二）组员相互学习、组间相互竞争，促进研究工作良性发展

每次小组的教研活动，组长都会带领成员根据工作室里的大的研究主题来制定自己的小主题。小组教研模式是工作室大组活动模式的复制。例如，在小组教研活动实施交流和小组展示的过程中，他们也都会选择一名实验上课的教师，其他成员去观课并对试讲课进行点评、交流看法、完善设计、相

互帮助提升。当各组完成了前期准备工作后，各组再分别派出小组成员在大活动中进行展示，这使得每个小组之间也产生了一种相互学习、相互竞争的状态，这种良性竞争使得伙伴们的专业水准得到了快速提升，更使得课堂亮点纷呈。

（三）合作精神得到彰显，彼此情感日益深厚

每次小组活动的作品或者成果的展示都是小组团队合作的结果，大家贡献智慧、贡献思路，分工合作，团队作战，合作精神得到彰显，彼此间情感也日益深厚。你会发现，每一次活动后，本组成员都会为小组所取得的这种成绩欢呼雀跃，那种同甘共苦的经历让大家之间的感情也越来越亲密。在小组里，组长也建立起了自己的管理模式，他们经常通过网络私底下交流，频繁互动。各个小组的活动简报也多次出现在我们的公众平台上，伙伴们非常喜欢这种小组合作的学习方式。

活动感悟

前进路上，一个人会走得很快，一群人会走得很远，合作有助于整个团队的长远发展。统一的脚步看上去虽漂亮整齐，却少了多元化的呈现。小组合作、组间竞争有助于整个团队的良性发展，其实合作与竞争是前进路上的好伙伴。

简报节选

和傅老师一起研课，很幸福

2018年3月10日星期五上午，我非常有幸去下沙小学听了傅健龙老师的一节数学课，内容是四年级上册的"三角形三边关系"，此次交流学习让我受益匪浅。

傅老师对待学生和蔼可亲，在他的课堂上学生学习轻松，课堂气氛民主和谐，学生参与活动积极认真，汇报成果时侃侃而来。做他的学生很开心、很快乐。

傅老师的这节课设计得很棒。通过动手操作、实验、验证等活动来探究

"什么样的三条边才能围成三角形"。用围三角形的活动贯穿全课，"围三角形活动引入—操作探究—小组交流、解决问题—实践运用、深入拓展"。整堂课效率很高，容量很大，完整地完成了教学任务。

上完这节课后，我们小组的成员一起思考和交流这样几个问题：如何让活动变得更好玩，更有趣？怎样才能让操作活动更有效？如何理解"三角形任意两边之和大于第三边"？怎样做到让设计环节层层递进，拓展更加自然，更有深度？

我们共同商量，统一思路，对本课设计进行了调整，整堂课设计一个大问题，即"怎样的三根小棒能围成三角形"。魔术围三角形引入—尝试围三角形探究—判断、选择围三角形运用—挑战围三角形提升。开课小魔术，让学生当魔术师用三根小棒摆三角形，明确首尾相连可围成三角形的理论；将其中一根剪短，再剪短还能围吗？产生冲突，让学生在活动中明白，原来三根小棒围成三角形还跟长度有关，从而引出大问题，顺势引导学生想办法解决问题。重点放在第二个活动中，学生通过尝试操作，发现两个短边之和大于第三边时就能围成三角形，进而引导学生探究三条边围三角形可能出现的不同情况，通过计算对比观察后，反证三角形两边之和大于第三边的特征。最后的提升，挑战一根小棒可以围一个三角形吗？学生自然想到剪，如何剪？学生需要运用三边关系的知识，尝试挑战。这样的延伸拓展也为将来中学要学习的知识做好了铺垫。

在小组研讨交流的过程，大家畅所欲言，努力针对问题的关键想点子。跟大家一起学习研究、体验收获是一种幸福！

教研活动 ⑰
两地三校小学数学游戏化课堂教学设计比赛活动

设计缘由

康黎小学数学名师工作室通过组织成员开展理论书籍阅读、主题课例研讨、公益平台展示、跨省跨区交流等活动，已经让工作室的伙伴们及深圳市龙岗区水径小学、广西罗城仫佬族自治县罗城二小的教师对"小学数学游戏化学习"有了较为系统的认知。为进一步推进"小学数学游戏化学习"在课堂中的应用，也为了让所有参与实践的教师未来能有优秀教学设计作为实战范本，康黎小学数学名师工作室牵手深圳龙岗水径小学、广西罗城仫佬族自治县罗城二小共同开展"两地三校小学数学游戏化课堂教学设计比赛"活动。希望通过本次比赛能够提升教师对小学数学游戏化课堂教学的研究能力，也希望两地教师能够相互学习，在研究中增进情感，让共同教育情怀滋养下的友谊之花常开。

活动目的

1. 提高两地教师教学设计能力。

2. 加强两地三校的交流，增进彼此间的友谊。

3. 通过参与教学设计与反思比赛，体会"小学数学游戏化学习"的深刻内涵。

活动要求

1. 设计格式统一，小学数学教材内容，设计理念要体现"小学数学游戏化学习"的特点。

2. 交稿时间：2018年7月30日截止。

3. 字数不超过4000字。

4. 比赛成绩：参赛选手的5%为特等奖；参赛选手的45%为一等奖；参赛选手的50%为二等奖。

5. 评审小组：特聘小学数学特级教师作为专家评委，进行匿名评审。

活动效果

（一）增强了教师对教材的理解能力

要做好教学设计，第一步就是要对教材文本内容有正确而深刻的解读，通过教学设计比赛活动，让教师通过查阅各种教参和他人的教学设计来提升对教学文本的深刻理解，特别引导教师在研究教材"情境图+问题串"的运用细节上下功夫，在撰写教学设计与反思的过程中，教师一遍遍地梳理情境和问题、活动与探究的设计细节，在寻找备课资源过程中更是在无形中拓宽了教师课前准备的广度和深度。特别是对于青年教师来说，能读懂、读透教材，进而与学生的学情进行有效结合是他们长期要提升的能力。

（二）增强了教师的教学设计能力

好的教学设计一定是能够很好地提升学生的学习兴趣、提高课堂学校效率的设计。为了做好教学设计，伙伴们在教学情境上的创设、学习方式的使用、探究问题的设定、游戏化学习环节如何介入等方面的思考上下了很大的功夫。统一的教学设计格式要求大家在设计的每个环节上都要写出设计意图，这就使得教师在设计的过程中不仅仅要寻求设计的新颖和巧妙，还要自我追问设计的意图到底是什么，通过带着思考的设计过程让大家明白了一个道理：没有目标的一味追求新意未必是最好的教学设计。这对教师来说是最好的领悟，也使得我们这次活动更具意义。

（三）促进了教师的教学反思能力

一个教师专业成长的必经途径就是坚持不懈地对自己的课堂教学进行反思。在提升教师专业水准、促进教师队伍专业化的进程中，教师具有自觉进行反思的意识和能力相当重要。教师若能以研究的眼光不断地审视、分析和解决自己在课堂教学中遇到的问题，持续地对自己和他人的教学行为进行反思、研究与改进，便能提高教学水平，课堂教学反思是实现教师成长的有效途径。正如苏霍姆林斯基所说："如果你想让教师的劳动能够给教师带来乐趣，使天天上课不至于变成一种单调乏味的义务，那你就应当引导每位教师走上从事研究这条幸福的道路上来"。

活动感悟

　　当我知道一个教师成长的必由之路就是不断地进行实践与反思时，作为工作室的领头人我有责任为小伙伴们搭建一个推动教师时刻进行实践与反思的平台，让大家在科学的、有效的研究氛围中健康成长。

简报节选

（一）走进他人的课堂让我反思

　　走进其他教师的课堂，最初我是带着向其他教师学习的目的去的，想看看其他教师在课堂上是怎样贯彻新课程标准的。但随着听的课多了，我渐渐地发现了一些问题也进行了一些反思。

1. 理论和实践的反思

　　从新课程改革的那一天开始，相信每一位教师都经过了一个学习新课标的过程，相信在每个教师的头脑中都有自己对新课标的一定的认识，尤其是在教师教的方式和学生学的方式的转变上，每个教师都有自己的符合新课程标准的一套理论，但在课堂上具体实践时却是另一番操作。举个小例子：一年级的教师在讲《小小的船》一课中的9个生字，为了激发学生的兴趣让他们尽快地记住这些字，教师把每一个字设计成一颗星星贴在事先准备好的小黑板上，然后让学生根据教师说出的字去找那颗星星，学生找得很有兴趣，没想到的是，下面有个学生说，其实我喜欢的不是"闪"那颗星，我喜欢的是另一颗，可是教师却装作没有听到，依然让学生根据她的意思找下去。课后我问那位教师：为什么不让他们上去摘下自己喜欢的那个字，然后再让学生自己说出那个字念什么？这位教师诚恳地说：其实我也想让他们上去自己拿自己喜欢的，可是这样学生就会乱了，就会耽误时间，我的课就有可能讲不完。与完成传授知识的任务相比，学生的兴趣，学生学习的自主性变得那样的渺小，这样的例子还有很多。

2. 自主、合作、探究的反思

大家都知道，自主、合作、探究性学习是新课程标准中积极倡导的新的学习方式，之所以积极推广这些学习方式，是因为我们越来越深刻地意识到教育必须是以学生的发展为根本的。让学生自主地去探究一些问题，合作去解决一些问题是培养具有创新意识、创新精神的学生的最有效的途径。在听课中我发现很多的教师在设计教学方案时都在有意识地引导学生采用自主、合作、探究的学习方式，但在具体实施中却有待商榷。其实，教无定法，任何方式都不是一成不变的固定的模式，我们可以把相互关联的东西放到一起来研究，学习方式也不是一定要分开来使用的。例如，在六年级的课堂上，桌椅板凳重新组合摆成了6个大组，教师提出请学生合作学习完成课本中的一个问题，可以相互交流。学生展开了激烈的讨论，这时教师发现一个学生正在独自思索着，一动不动，教师走到他面前说："合作学习不能自己一个人耍单，你应该和大家融为一体，不懂可以交流（教师以为他有什么地方不懂了）"。这个学生停止思考，加入了小组的合作中。下课后，我找到这位学生问他刚才一个人在想什么？他说，我想到了一本书中见过的一句话，也许可以解释教师提出的问题，没想好呢，教师让我小组学习，我就没细想了。我想这位教师走入了一个学习方式模式化误区，其实合作中也可以体现自主、自主中也可以有探究。

3. 学科与学科之间的反思

听过一节课，《地震中的父与子》。在一场大地震中，儿子被埋在了地下，在别人都认为没救的时候，父亲坚信自己的儿子没有死，因为儿子坐在房间的角落，房塌下来的时候有可能被东西支撑起一个空间，于是他不停地挖呀挖，最终儿子获救了。故事非常感人，但有个学生却提出这样的一个问题：那么厚的土压下来，三脚架还能坚持那么久到底是为什么？教师说这个问题不是我们这堂课要解决的问题，它是个物理问题，科学课上你们会学到的。新课程标准要求我们关注学科间的渗透，更提倡综合性学习，要注意学科之间的联系和整合，对小学阶段，有些专家甚至提出应该让不同学科的教师换位教学，体会学科间的联系。这是很有必要的，试想如果这位教师告诉学生三角形的稳定性，学生就更能很好地理解父亲的"坚信"。

4. 课堂评价和多元评价的反思

可以这样说，对学生的评价不进行改革一定会影响到课程改革的整个进程。教师在课堂上对学生的评价一定要多元化。有些教师认为，在一堂课有限的时间里，更多的应该放在对学生学习效果的评价上，往往忽略了对学生多方位的评价，久而为之，学生的很多的闪光点得不到认可，影响学生的全面发展。请看这样的一段对话。

师：看，我班杨小雨同学的计算水平多高，100道题的口算题全正确，其他同学都应该向他学习，计算认真，这样才是好学生（好学生的标准被老师定位）。

生（不服气小声说）：不就是会做几道口算题吗？可是他知道几个数学家，我知道的比他多多了！

师：知道再多的数学家又有什么用？看看你的成绩！

生：我用计算器比他算得更快更对。

师：……

这种对学生的评价无疑是失败的，其主要的原因是教师的评价的出发点是一元的，那就是成绩。对新课程标准下的学生用一元理论来评价，本身就违背了课程改革的最终目标。换个角度来评价试试。

师：你知道那么多的数学家，你读的书真多，也是值得大家学习的，也说明你是很爱好数学的，你真不错！但你有没有发现每一个成为数学家的人都有一个共同地方，那就是对科学的一丝不苟，希望你向他们学习，做个既爱读书，又能认真思考的人。

生：……

对学生全面的评价可以让学生时刻发现自己的优势和不足，增强他们的自信心和自我改正意识，对学生的多元评价是每位教师都要努力做到的。

其实，在课堂上发生的这些问题，在我的课堂同样也时有发生，只是作为一个"局内人"我不自知而已，当我作为一个"局外人"带着一定的目的去审视课堂时，我才发现，自己的课堂需要我从观念上去彻底地改变了。

（二）反思让我的课堂变了

听得多了，看得多了，我的课堂也渐渐地变得不同了，我把从其他教师那里得来的教训和经验，运用到自己的课堂上，我感受到自己也变了，总结自己的课，我发现自己最大的变化是：我变"懒"了，学生变"勤"了；我不再是师长了，他们也不再是习惯了听教师指挥的学生了，我们是朋友了。为什么这样说呢？因为，我在课上要做的事情越来越少了，如一节数学课，我先布置学生自己预习，然后在课堂上分组学习，让他们提出不懂的问题，先由班内的学生自己解决找出答案，最后实在解决不了的再由我出面解决，连作业都是他们自己来留。有些学生开玩笑地对我说："老师，您越来越懒，我们越来越忙了，忙着研究问题，解决问题。"是啊！正是我们教师变得越来越"懒"了，学生的时间才越来越多了，课堂也就真正地还给学生了。但我的"懒"只是体现在课堂上，在课下我偷偷地花大力气在备课上变得越来越勤。我和学生之间的话题和交流越来越多了，我想是因为我们不再是严师和劣徒的关系了吧，成了朋友，我的眼光不再总是那么挑剔。

　　教学是一门艺术，我陶醉其中，学生的每一点进步都让我欣喜，自己的那份责任和自豪油然而生。通过在他人和自己的课堂上不间断地对自己教学行为的直接或间接的观察和反思，通过与其他当事人的交流，不断地加深对自己的理论、实践的理解，可以更新教育理念，改善自身的知识结构和能力结构，掌握并运用现代教育教学规律，提高分析问题、解决问题的能力。我认为，课堂反思是教师成长的有效途径。

教研活动 ⑱

深圳、广西两地教师"小学数学游戏化学习"教学设计获奖作品展示课活动

设计缘由

经过3位特级教师专家的匿名评审，在深圳与广西罗城两地教师参加的教学设计与反思的竞赛活动中，有4位教师的教学设计获得了特等奖。这些教学设计在学情前测、情境创设、方法设定、游戏化学习流程、知识与技能的传授体验等方面都为高效的课程教学的实施提供了可能。有了好的设计，我们就该把它们在课堂上真实地演绎出来。为了测试这些设计的真实效果，我与伙伴们进行了课堂教学的监控和问卷调查。我希望这4位授课教师在现场跟踪数据的支持下做好科学规范的教学反思，进而促进他们的教学科研能力。因此，我协同深圳福田区教科院联合设计这次教学设计获奖作品的展示课活动。

活动目的

1. 把教学设计变为课堂教学实施，进而观察与体验设计与实施之间的差距，感悟课堂教学中教师专业能力所起到的作用。

2. 加强两地在课堂教学方面的交流活动，促进两地课堂教研的开展。

3. 对教师进行观课、评课、教学反思的培训。

活动内容

1. 以课堂教学实例培训的方式，请4位教师进行基于游戏化学习的课例展示。

2. 授课教师就游戏化学习在情境创设、教法学法的运用、课堂游戏化学

习的数据分析三个方面的问题进行专题发言。

3. 进行现场的评课及课后反思的分享。

4. 福田区教科院为授课教师发放证书。

活动效果

（一）把教学设计转变为课堂实践

把好的教学设计转变为课堂实践，感悟教学设计与课堂生成、课后反思的关联。要对课堂教学的状况产生真正的感悟，就必须要求教师置身于课堂教学之中，实践出真知。就课堂教学的真正实施而言，教学设计只是基于过往的经验和感受而产生出来的还停留在想象层面上的东西。设计的可操作性、实效性、设计意图的达成等都要靠课堂实践来完成，之后的效果对比、数据分析也是依靠课堂教学的实际发生才能实现，这是一个课堂教学研究的小循环。我们的教师必须意识到教学设计与课堂生成、课后反思的关联，才能开展真正有意义的课堂教学研究。

（二）把培训从理论引向实践

广西罗城仫佬族自治县是深圳福田教育局对口教育扶贫单位。扶贫期间，广西罗城的教师会定期来深圳福田教育科学研究院进行培训，学习先进的教学理念和先进的教学技术，福田教科院也利用这次活动向参加的教师进行了一次从理念到实践的接地气儿的培训。坦白地说，一线教师需要的恰恰就是这种在一线教学实践基础上生发出来的问题的解答与交流。面对设计与实施之间存在的差距甚至是意想不到的课堂效果，教师才有问题可问，有问题可想，有欲望去交流。

（三）给参与的教师带来真正的成就感

从参加设计、匿名专家评审、现场演绎课堂教学到真正地进行的教学反思，这些可以说每一次都是对自身专业能力和水平的一次提升与挑战，这一轮下来，给教师来了强烈的、真正的成就体验。

活动感悟

　　知行合一，才能让个人的成长有成倍的体验。从准备到设计再到把设计变为一节优秀的课例，这才是真正规范的研究过程。我们做研究的人，就该一步一个脚印，踏实地走好每一步。

简报节选

　　今天，上次教学设计和反思比赛中获得了特等奖的4位伙伴，在课堂中展示了自己的设计，与学生共同完成了四节非常精彩的课。从设计到反思，再到课堂实践，我们深刻领悟了教学是一门艺术，教师需要用时间、汗水和心灵去浇灌，才能开出绚烂的有生机的花朵。这也给工作室里的其他伙伴打开了一扇成长的大门，让我们的视线转向课堂艺术的远方。

教研活动⑲

名师工作室主持人示范岗活动

设计缘由

按照上级教育部门对名师工作室的管理要求，各级名师工作室除了承担着带领团队进行教研提升专业能力的任务外，工作室主持人还要承担在区域内进行辐射和带动青年教师成长的培训任务。我承担的是福田区"城中村品牌学校建设工程"工作室主持人流动服务示范岗的任务，直接服务的对象是福田区的南园小学。接到这个任务时我感到非常开心，第一，为能通过这个示范岗的服务工作为区里的学校和其他教师做一些力所能及的事情感到荣幸；第二，这也是对自己专业能力的一次检验，更是一次促进自己梳理过去、不断完善自我的机会。于是，我第一时间思考的是该以怎样的方式介入这个示范岗的工作。然后，我联系了南园小学分管示范岗工作的领导，主动沟通了我想做好这项工作的想法，也征求了学校的想法和建议。为此，我设计通过"带动一个教研组，带出一个好徒弟"的形式来开展这次为期三个月的主题教研工作。

活动目的

1. 帮助对口学校开展教研组培训，为青年教师成长做指导。
2. 促进校际的交流。

活动内容

1. 到对口学校进行听课、评课。
2. 给对口学校做小学数学专题讲座。
3. 带一个徒弟，并给徒弟制订成长计划。

活动效果

（一）帮扶青年教师，增强自我责任感与成就感

福田区教育局给了我名师工作室这个平台，对我个人成长来说既是机遇也是责任。同时带动福田区里部分有追求的教师共同提升和进步，也是我应尽的义务，我有义务带动区域内的青年教师从思想上到业务上到科研能力上的进步成长。我非常珍惜这次机会，也主动与对口示范岗学校进行联系，除了把工作室里所有的主题活动面向示范岗帮扶学校的全体数学教师敞开以外，我还专门针对个体教师设置了帮扶方案。其中学校的尹教师就是青年教师中、我点对点帮扶的对象，在与尹教师的共同成长中，我发现我更热爱教学研究了，在年轻人的身上，我看到了他们对待教育的激情和热情，这也燃起了我对教学研究的激情。就是这样一个示范岗工作，让我在培养青年教师这项工作上充满了责任感与成就感。

（二）相互学习，加深自我对教育教学的理解

带着任务相互学习让我更加关注教育教学的最新理念，更加关注教育教学手段的运用，尝试寻找更适合学生的认知特点的学习方式，也更加注重对教育教学中出现的一些问题进行思考。应该说，示范岗工作让我有更多的时间投入对教育教学的思考中，真正促进了我对教育教学的深入理解。在带动青年教师进步成长的道路上，我也积极总结经验，写出了近10万字的帮扶感受，这让我在数据推动、方法指导、活动引领的教研之路上走得更有信心了。

（三）带动外校团队教师共同成长，完成工作室的辐射任务

在教研的道路上，一个人可以走得很快，但带领一个团队，和更多志同道合的人一起前行却可以相互扶持、相互学习、相互影响，让教研之路走得更远，更有影响力。在示范岗的辐射任务完成的同时，我又收获了一批愿意在课堂教学上钻研的好朋友、好伙伴，这份收获对我来说是非常宝贵的。

活动感悟

　　在专业上帮助他人就是成长自己。在专业上帮助他人是一次付出的过程，更是一次收获的过程，因为要付出，所以不断地储备，储备多了就成了别人拿不走的能力。

　　走出去与他人共同交流学习，更开阔了我的视野，滋润了我对教育事业的情怀。

简报节选

搭梯子·给平台
——力促城中村学校教师专业成长

　　福田区南园小学作为"福田区城中村品牌学校创建联盟"成员，也很幸运地成了康黎小学数学名师工作室的流动示范岗，因此我校领导高度重视这次机会与工作室搭建的平台，希望数学课组教师通过积极参与康黎工作室开展的所有活动，促进南园小学数学科组青年教师的专业成长。

康黎名师工作室示范岗第一次活动
——参加工作室课题开题报告会

　　2018年4月16日，我校尹沛红老师和蒋思倩老师有幸参与了工作室"小学数学游戏化学习课堂实施策略研究"（省级）和"小学数学游戏化学习的课堂教学实践研究"（市级）两项课题的开题报告会。与会的专家还有李均教授、李贤博士、闻佳鑫博士、张玉彬教授以及福民小学王珂校长和康黎校长。

　　工作室主持人康黎校长介绍了研究背景，并且还展示了课题组成员已经设计出的大量游戏化教学课堂精品案例和4套不同风格的游戏化试卷，还有录制的26节"丑小鸭直播室"数学游戏课，以及三年级下册整套微课视频等成果，听到这里我们不禁感叹，康黎校长以及工作室成员已经做了这么多的扎实且深入的游戏化教学研究，并且还将要出版一本《小学数学游戏化学习》的著作，这些丰富的成果都非常值得南园小学数学科组全体教师深入学习与探究，以帮助我们在把游戏融入教学时能够更加得心应手!

康黎名师工作室计划在5月份举办一场基于"小学数学游戏化学习的行动与思考"的跨区四校联合教研活动，南园小学作为工作室示范岗单位，康黎校长愿意搭建此平台让我校的教师也有机会展示一节数学游戏课，所以就有了此次活动。

康黎名师工作室示范岗第二次活动
——第一次试课

2018年4月18日，在我校数学科组集体备课后，决定由尹沛红老师执教四年级下册第五单元第一节的内容《字母表示数》，我们也非常荣幸地请到康黎校长前来听课指导。

为了响应游戏进课堂的理念，在这节《字母表示数》课上，尹老师把游戏"神秘的魔盒"引入新课，成功地激发了学生的学习兴趣。在教学中，尹老师思路清晰，教态自然，语言富有亲和力，学生积极主动，踊跃发言。在探究魔盒秘密的过程中引导学生理解用字母表示数的必要性，并学会用字母表示数。

课后，康黎校长长对尹老师的这节课进行了点评。首先，她对尹老师个人的综合素质和课堂上的亮点给予了充分的肯定；其次，针对课堂中存在的不足提出了专业的建议：

（1）明确每一个教学环节的目标，并将其细化到活动中；

（2）开展小组合作活动时，要明确每个小组成员的分工；

（3）在学生的回答中，要引导和纠正学生的语言表达，体现数学的严谨性；

（4）康黎校长强调在数学课堂中，逻辑很重要，任何一节课的设计应该是由易到难，这样才符合学生学习的规律，而本节课在设计两个魔盒的顺序时，忽略了这一规律，需要改进!

听了康黎校长一席话，全科组的教师都觉得在专业技术领域，康黎校长长提出的意见非常中肯，针对本节课的问题剖析得很到位，尹老师也觉得犹如醍醐灌顶一般，这节课的思路在已有的基础上更加明晰，也明白了需要改进的地方以及如何加以改进才可能达到预期的效果!

康黎名师工作室示范岗第三次活动
——第二次试课

2018年4月25日，尹沛红老师《字母表示数》第二次试课，由于康黎校长出差，这次请到康黎名师工作室成员、福民小学四年级的刘春艳老师来评课指导。

这节课较第一次试课在内容的设计上有了较大的改动，但也存在较多的问题，所以刘老师建议把本节课的内容分为四个模块：魔盒1—魔盒2—青蛙儿歌—巩固练习。再把每一个模块的目标与本节课实际达到的效果作对比，有针对性地提出每一个模块的详细建议，甚至细化到怎样提问学生可以更有效。

例如，为什么在观察了魔盒的魔力之后，用字母表示魔力时，很多学生不能顺利地写出魔盒的秘密？刘老师说，这是因为学生的观察只是达到比较浅的程度，对魔力的秘密感知不够深，所以学生才无法说出教师想要的答案，还需要加强引导，应该让学生多写几次算式，写着写着学生就会顺势得出答案。就像这样，刘老师对每一个模块都进行了非常细致的点评与指导，尹老师根据这些详细的建议对本节课的设计做了修改，并希望可以再试一次课。

康黎名师工作室示范岗第四次活动
——第三次试课

2018年5月2日下午，在康黎校长和刘春艳老师的帮助下，尹沛红老师来到福民小学，在四（7）班又进行了最后一次试教。四（7）班学生非常聪明且很认真，具有钻研精神，所以课堂实际呈现与生成和教学设计有出入，这是尹老师没有预料到的，这时康黎校长亲身示范如何巧妙运用课堂生成的东西，逐句示范引导学生继续思考，把课堂生成变成课堂的亮点，让学生更加明白其中的道理，掌握得更加牢固。看到康黎校长富于感情且淋漓尽致的示范，尹老师豁然开朗，明白了课堂的发生不可能完全按照教案进行，可能会出现意外的情况，这时候要灵活机智，在保持大脑清醒的同时快速灵活处理没有预料到的课堂中的生成，在坚守原则的情况下表扬有特别想法的同学，让这些变成有价值的生成，变成课堂亮点。

康黎名师工作室示范岗第五次活动
——参加"四校联合教研活动"

2018年5月3日，由康黎小学数学名师工作室举办的"小学数学游戏化学习的行动与思考"跨区四校联合教研活动在福田区莲花小学如期举行。四所学校分别为福田区莲花小学、福民小学、南园小学、盐田区盐港小学，本次活动吸引了来自福田区各个学校的数学教师前来观课议课。我校作为工作室的流动示范岗单位，在康黎校长和我校李俊副校长的沟通下，决定这次活动有三节展示课，第一节由莲花小学潘妮娜老师执教《神奇的莫比乌斯带》；第二节由我校尹沛红老师执教《字母表示数》；第三节课由盐港小学熊文亮老师执教《不确定性》。我校数学科组集体前去观摩学习。

在康黎校长及其工作室成员刘春艳老师的指导下，在南园小学数学科组的集体努力下，经过三次磨课试课，按照教学目标和内容我们把这节课分为五个模块进行：

第一模块：从魔盒1导入，通过对"进"和"出"魔盒的不同数字的观察与猜测，总结出魔盒1的秘密，并且由于"写不完，算不完"的原因，请字母介入用以表达魔盒里的秘密。我们把康黎校长和刘老师提出的关于如何突破第一模块目标"字母可以表示任意数"的意见很好地运用在设计中，课堂效果非常好，字母引入的必要性得到了充分的诠释。

第二模块：升级到魔盒2，这个模块的目标是找"数量关系"，在第一个魔盒的铺垫下，也由于四（3）班学生爱动脑筋，所以魔盒2的秘密呈现得相对容易。在回顾用字母表示数的这一过程，尹老师抛出问题"字母表示数有什么特点？"

学生能够开动脑筋想到"简洁""能表达数量关系"等特点，并且还引申到了四年级上册学习的运算律，也是和字母表示数的首次接触，获得尹老师的赞赏！

第三模块：用字母表示数解决青蛙儿歌问题，起到巩固知识的作用，在呈现写法多样性的时候，有一位学生用"ab"表示青蛙的只数，用"4ab"表示青蛙的腿数，尹老师对这位学生的独特的想法给予了肯定，但如果能够进一步说明数学讲究简洁美，用两个字母的乘积表示数没有用一个字母表示数方便简单，做一个即刻的引导那就更好了！

第四模块：呈现多样化练习巩固提升！选取的练习都很贴近学生的生活，如"上学坐公交车算人数问题""养蚕宝宝数量问题"等，学生练习得非常开心。

第五模块：总结收获，学生此起彼伏，各抒己见，纷纷表达在本节课上得到的收获，喜悦之情洋溢在灿烂的笑脸上。就这样，尹老师和莲花小学四（3）班的孩子们顺利地完成了这节课的展示。

尹老师表示，正是因为在康黎校长和刘老师的帮助下的三次磨课与评议课的经历，再加上康黎校长试课中的亲身示范，让本节课的结构更加完善，内容丰富精彩，几个模块环环相扣，每一模块的目标与重点突出，每一个提问与每一句课堂语言都亲切自然有效，自然也让尹老师心里更加坚定能够上好这一堂课，所以要感谢康黎校长与刘老师的亲切指导与付出，让这一节课精彩地呈现！

康黎名师工作室示范岗第六次活动
——广西罗城公益教学活动

由于康黎名师工作室即将去广西罗城仫佬族自治县做公益教学活动，我校王强校长和李俊副校长对流动示范岗工作也非常重视与支持，也因为在"跨区四校联合活动"中精彩的表现，康黎校长和罗城教育局向我校发出了公益教学活动的邀请函，邀请李俊副校长与尹沛红老师在5月10日—5月13日同康黎名师工作室成员一同前往罗城参加公益活动。

非常感谢康黎校长能给予我校这次跨省公益教学活动以及非常难得的展示课机会，出发前我们精心准备上课所需的教具，李俊副校长还准备了我校自行编制的校本教材打算赠予罗城第二小学。

5月10日中午，李副校长与尹老师和康黎校长以及工作室其他6位成员共9人乘上了开往广西柳州的火车，在火车上需要上课和开展讲座的几位教师还在专心地熟悉教案与内容，在忐忑与激动交织的心情下，经过4小时我们抵达柳州站。很开心的是，在罗城支教的原侨香外国语学校的丁老师和罗城教育局的潘老师早就等候在车站外迎接我们的到来。

5月11日用完早餐后，突降大雨，大家在雨中步行来到罗城二小。康黎校长、李俊副校长与福民的张美玲主任则在蔡校长的带领下参观了校园文化长廊、民俗文化展厅，领略了千年仫佬的三尖文化。

而几位准备上展示课的教师则来到教室里与学生相互熟悉，询问当地学生的习惯，顺便也交代教师的要求，学生认真地倾听与配合，令我非常开心的是，当与学生见面后，在离开时，竟然有一个班上的女生追上我们想要了解更多关于教师的事情，瞬间让我们有了亲切的感觉，也更加有信心可以上好课。

这时，学校礼堂里，早已坐满了来自二小的全体数学教师以及县城周边小学的数学教师。

第一节课《时钟王国奇遇记》由福田小学黄涛老师和罗城二小二年级的学生精彩呈现，以大熊和哆啦A梦的情境贯穿整节课，最大限度地提高了学生的积极性，获得良好的课堂效果。

第二节课《字母表示数》以具有魔力秘密的魔盒导入，瞬间吸引了学生的目光，激发了学生的学习兴趣，并利用魔盒学会用字母表示数，再以一首青蛙儿歌加深学生对字母表示数的意义的理解，最后通过一系列精心设计的练习巩固所学内容，课程呈现流畅，学生玩得开心，学得扎实！

第三节课《神奇的七巧板》是由福民小学的刘春艳老师和罗城二小四（2）班的学生共同呈现的一节兼具趣味与动手操作活动的精彩课例，学生在刘老师的引导下通过自己制作七巧板模块，再拼出各式各样的图，最后根据不同形状的图形复习已经学过的相关知识，这是一节充实又有趣的数学活动课！

活动1：广西罗城仫佬族自治县教育局局长给各位上课和开展讲座的教师颁发证书；

活动2：我们跟随康黎名师工作室成员一起慰问从深圳到罗城支教的各位教师；

活动3：李俊副校长、康黎校长与罗城二小的蔡校长互赠校本教材留念；

活动4：倾听康黎校长的讲座，收获满满，如沐春风！

作为城中村品牌联盟学校成员，作为康黎小学数学名师工作室流动示范岗的对象，在短短的一个半月的时间里，我校数学课组在康黎校长的带领下，参与了六次工作室的活动，每次活动都让数学科组的教师感觉收获颇丰，特别是尹沛红老师在康黎校长和工作室成员刘老师的指导与帮助下，逐步明白如何备好细节，如何上好一节课，如何引导学生才有效，如何促进学生更大的进步，也让尹老师逐渐明白今后自己的努力方向和提升教学能力的方法！

南园小学数学科组的全体教师在一次次活动中，充分感受到康黎工作室在小学数学游戏化研究方面所做的努力和已有的研究值得我们深入学习！所以，我们深切地希望能够继续参与更多康黎小学数学名师工作室的活动，以提高全科组教师的教学与研究能力！

康黎名师工作室示范岗第七次活动
——听师傅上课

从广西罗城仫佬自治县公益教学活动回来后，获悉康黎校长受邀5月16日去深圳市艺校福田泰然学校上《字母表示数》的示范课，尹老师觉得这是一次非常重要的学习机会，虽然自己的磨课过程有康黎校长的指导和亲身示范，但能够听完整的一节示范课则是完全不同的体验，所以尹老师提前向康黎校长申请一起去泰然学校听课。

由于四年级已经学习了这节内容，康黎校长只能在三年级的班级上课。16日早上10：00，康黎校长开始了展示课。她语言亲切自然，非常有感染力，学生全都聚精会神，积极参与！令尹老师感触最深的是，三年级的学生因为缺乏一年知识的积累，所以在突破难点方面有点吃力，大部分学生无法顺利写出用字母表示青蛙只数、嘴数、眼睛数的式子，康黎校长就慢慢引导，循序渐进，通过其他的题目加以阐述，最后再回到刚才出现问题的地方，加深理解解决了问题！最后用学生自己表达心理感受的话"拨开云雾了""终于走出来了""感觉自己很优秀""自己很棒"等话语来总结。经过大家的努力，学生终于学会了用字母表示数！整节课中，康黎校长对于学生的任何一次生成都会给予及时的反馈，好的生成给予鼓励表扬，需要引导的及时引导，这一节课整个过程让尹老师觉得康黎校长教学条理性很强，而且特别善于举例，学生容易接受，印象深刻，课堂效果非常好。并且康黎校长为人和蔼，在课堂上能与同学们积极互动，营造温馨的课堂气氛，学生也学得非常开心！这些都是尹老师需要深入学习和改进的地方，所以以后要多听康黎校长的课，多学习多思考，才能提升自己的教学能力！

教研活动⑳

小学数学与建筑融合课程设计分享会

设计缘由

从2018年下半年开始，我们工作室的课堂教学研究进入实践阶段的深水区，我们开始大面积地把基于主题研究的教学设计运用到课堂教学之中进行数据跟踪分析，并指导教学设计完善，形成一些可以复制、推广的成果。在这个阶段，我们除了关注学生在课堂上的学习兴趣及学习效果之外，更加关注的是如何促进学生动手能力的提高，因为学生的动手能力既是学生创新能力的原动力，也是学以致用的直接方式。因此，在这半年多的时间里，我们不仅在小学数学与建筑融合方面设计了大量的动手学习的方案，而且配合课程需求我们还原创设计了大量的具有建筑元素的学具和教具。通过分组交叉实验，经过组1设计—课堂实施—问卷数据分析—修改设计、组2接力设计—课堂实施—问卷数据分析—修改设计、组3接力设计—课堂实施—问卷数据分析—精品课例（教材、教案、教具、课例视频）的多轮反复试验，我们取得了一些阶段性的成果，也对在数学课堂上提升学生动手实践能力有了我们自己的比较行之有效的方法。这半年来，我和我的团队主要成员几乎没有一天休息过，因为平时大家都有固定的工作，没有机会进行更加深入的思考，所以我们主要利用的是休息时间，周六、日基本是我们出作品出点子的主要时间，大量体能的投入，我们也需要休息一下。我觉得，这个时候有必要稍微停下来做一些深入的思考、总结、反思，因为我们的团队需要新的创意动力，更需要得到权威名师的认可，这些是我们前进的动力，也为我们团队下个阶段找到新的方向或者更好的方向提供一个喘息的机会。所以，我设计了小学数学与建筑融合课程设计分享会。

活动目的

1. 分享小学数学与建筑融合课程设计的阶段性研究成果。

2. 回顾、总结、反思我们的研究方式、方法和路径，为下一阶段的研究工作做好各方面的准备。

3. 寻求专业人士的帮助与指导。

活动内容

1. 工作室领导人做阶段性研究工作的总结和成果的介绍。

2. 工作室成员分享我们的教具变形记。

3. 工作室成员分享我们的典型教学案例分析。

4. 现场进行教具的介绍和实验并请专家提出建议。

活动效果

（一）明确大数据的介入让研究更加科学、规范

为了实现"数据分析推动课堂行为变革，精准提升学生动手实践能力"的目标，在研究初期，我们在网络上对学生进行关于"数学与建筑课程的兴趣度"的问卷调查，由调查数据得知，学生对这样的融合课程非常感兴趣并表示乐意学习这样的课程，这样的数据也证明了我们研究的方向是正确的，大大地鼓舞了我们的士气。

我们坚持"用数据驱动、用数据描述、用数据检测、用数据分析、用数据改进"的研究原则，每一次实验课的前后，我们都针对教师和学生进行了相应的问卷，这种基于数据的课堂诊断不再是主观臆想。

（二）我们开始适应更为科学和有效的新的评课与反思模式

在过去的7次试课中，我们从开始尝试用数据来诊断课堂，到逐渐地适应了结合数据进行评课、交流、反思的教研模式。当我们开始评价一节课的时候，我们首先想到的就是，这节课的问卷结果呢？授课教师写的课后反思也不再是泛泛空谈，而是基于数据背后深刻的思考。

（三）获取的大量课堂教学数据，成为研究教学、教材的财富

目前我们从3037个样本处收集到了关于数学学习中与动手实践能力相关

的数据，这些数据为我们研究如何提升学生的实践能力提供了方向，我们还在7节实验课中的几百个样本处收集到在课堂实际操作中可能会影响到学生动手能力的各方面因素。我们在调整课堂设计的同时也在关注相关数据的变化，再结合学生的课后反馈，这样的过程让我们深刻地体会数据对于我们来说是财富，是前进道路中可以看得见的尺度。

活动感悟

　　数据是很好的工具，一线教师要善于运用它。但数据具有一定的欺骗性，一线教师要睁大眼睛辨识它。总的来说，数据是教师完善课堂设计、了解教学效果的好工具，应该成为我们专业提升中的朋友。

简报节选

数字时代，我们可以利用大数据为我们的教学做些什么

　　大数据，是时下最流行的词语，仿佛人人都在谈大数据。诚然大数据已渗入生活的每一个细节，对我们的学习、工作和生活产生了变革性的影响。数据，或许比你更了解自己。处于数字时代的我们应该思考：我们可以利用大数据为我们的教学做些什么呢？就有这样一群敢想敢做、说干就干的教育者，以最敏感的教育触觉，用最迅速的行动力，将数学与建筑融合，用数据驱动、用数据描述、用数据监测、用数据分析、用数据改进，这种独特新颖的视角，严谨优化的方法，确实让我有一种被冲击的感觉。

　　主持人总结了我们这阶段所做的事情，梳理1~6年级的知识点及重难点、学具的设计、问卷设计与追踪、分析改进，分享数据的作用与魅力，展示工作的收获与成果，那神情就像一位妈妈骄傲地向众人展示着自己最可爱的孩子。"成就大事的唯一方法就是热爱自己所做的事情"，正是这样火热的爱深深地打动了我，触感敏锐，行动迅速，让我由衷地折服、赞叹。

　　一节《比例的认识》，将数学与建筑进行链接，每节课后都及时地用问卷进行反馈，收集与数学知识的融合度、学生满意度等相关数据，从选题、备课、学具的设计与选择到课堂的完善改进，历经十次研讨会，一次次借助

数据监测结果，精准地帮助我们改变课堂教学行为，精益求精，直至完美，其中的研究精神、研究方法都很值得我们学习。黄埔学校分享的学生成长记录平台，记录学生成长点滴，基于数据、分析数据，为孩子开出成长的"处方"，做学生发展的"引路人"，真为学校的细心、用心点赞，感叹做这样的学校的学生真的很幸福。特别喜欢活动中分享的一句话：倾听数据的声音，用数字记录生活，让数据提升质量，这或许就是数据最大的魅力。

《人人都话说谎》一书中说道：大数据使我们终于可以看到人们真正想要的和真正在做的，而不是他们嘴上说的想要的和想做的。数字时代，我们需要有数据意识、研究意识，学会用数据描述我们教学中需要解决的问题，用数据了解并提供学生真正的需求，用数据改进课堂行为、完善教学，有利于学生素质的培养和能力的发展。

恋一座城，筑一个梦，用数学的思维创造建筑的梦，有梦，勇于追梦。

教研活动 ㉑

与名师联手，深度思考教育本质

——小学数学"游戏进课堂"系列研讨活动

设计缘由

青年教师、名师的成长之路总是有着诸多相似之处，那就是依靠一次次令人深刻思考的活动来体验和感悟进而成长。与更高层次的人或者团队合作，让伙伴们在其中寻找、比较、完善是我一贯的培养思路。这一次为了增强教师间的相互交流，寻找榜样的力量，也是为了开阔教师的研究视野，进而促进小学数学"游戏化课堂"教学更加深入，我与广东省姚铁龙名教师工作室联手策划实施了这次小学数学"游戏进课堂"系列研讨活动。

活动目的

1. 寻找榜样，寻找差距，促进伙伴们对课堂教学的深度思考。
2. 参与行动，切身感受，促进内省。
3. 关注技术，对游戏化学习的深度思考。

活动内容

时间	内容	展示教师
2：30—3：10	课例：四年级《确定位置》	黄埔学校孙威老师
3：20—4：00	课例：三年级《计算练习课》	众孚小学胥倩雯老师
4：10—4：50	游戏化教学论坛	姚铁龙、康黎、谭春兰、周轶、杨丽平、黄涛、孙威、胥倩雯
主持人	郑晓萱	

活动效果

（一）引发听课教师对游戏化学习的大讨论

一次有价值的活动，最鲜明的特点是能够引发在场参与者的讨论热情，这说明我们真正找到了大家关注、关心、有困惑又想解决的问题。这次活动的两节课虽然都采用了游戏化学习的方式但是呈现的方式完全不同，一节课是教学的发生从头到尾都是在游戏中完成，另一节课是利用游戏的设计流程推动教学的发生。这就引发了一次"深度游戏化学习与用游戏来提升常态教学对教育教学质量提升"的讨论。对于一线教师来说，虽然深度游戏化教学的案例能够非常好地激发学生学习的兴趣，但研发深度游戏化学习的教案、教具、游戏流程操控等是非常耗时的，同时游戏过程中对学生学习效果的监控也是一个难题。游戏化学习能够运用到常态课堂的不同环节，适时、适度调节学习氛围似乎更便于一线教师进行运用。

（二）提升教师对小学数学游戏化学习的认识

此次活动，两位教师同台献课，为我们呈现了两节优质数学游戏示范课。通过课例呈现使得一线教师认识到：原来数学游戏化教学可以在常规课堂中融入游戏环节、游戏元素，应用游戏机制；也可以让游戏化教学更加深入，学生在课堂游戏中自由、自主地去探索、生成，这样的课堂教学非常考验教师的游戏精神及其设计能力。孙威老师的课以寻找任务卡、完成任务的形式贯穿课堂，在每一个小游戏中融入教学知识点。新课伊始，孙老师向学生展示出教室位置座位图，以猜任务卡位置的形式导入，制造悬念，引起学生的好奇心。孙老师将座位表抽象成点子图后，任务卡就藏在某一个座位那里，孙老师提示数字2和数字4，充分给予学生思考的空间与时间，学生根据自己的理解，在点子图上根据提示找到对应的位置。学生发现行、列的方向不统一，导致了不同的结果，于是，孙老师顺势引导规定行、列的位置，用第1个数字来表示列，用第2个数字来表示行，从而引出数对的概念，用（2，4）确定任务卡的位置。在探索过程中，孙老师与学生一起质疑、验证，学生一下子就理解了（2，4）对应的位置，成功的找到了任务卡。本节课用教室座位的素材来讲解数对的知识，融入游戏机制。从学生身边的素材入手、用学生喜闻乐见的游戏形式表达，学生更容易接纳。

（三）微型论坛，专家问题引领，引发深入思考

两节课后，在特级教师姚铁龙老师的主持下，两个团队开展了一次微型论坛。大家围绕着姚老师提出的三个问题：①在游戏化教学背景下，你们在教学设计、组织教学时，最大的改变是什么？②通过观课，你觉得游戏化学习与传统教学相比最大的优势是什么？③如何在游戏与教育教学中寻找平衡点？教师结合课例与自己实践体会进行了深入的交流。其中讲道：在游戏化设计活动的探索环节，会增加思维难度；游戏化教学的最大魅力是让孩子爱上数学，通过观看游戏课例，启发自己，不断改进，创新课堂，孩子们释放天性，玩中学、学中思，幸福感不断提升；游戏化教学承载了很多功能，不仅是知识提升，还扩大了隐性面的辐射功能，游戏化教学能激励每个人的心理动机。

通过交流，老师们意识到：游戏化教学可以是很多内容的游戏，可以加入游戏思维、机制，可以做游戏探究，也可以做游戏化活动，游戏化学习不仅实施于课内，还可拓展到课外。所以，游戏化教学是时代的选择，是教育发展的必然，让游戏化教学走向深入是我们追求的终极目标。

活动感悟

　　每一次深度的思考与交流都会对教育教学改革产生促进作用。作为以教学研究、课改研究为主要任务的工作室成员来说，这样的，触及内在思考的活动要经常开展，经常参与，使自己成长更快。

简报节选

授课教师课后反思

1. 贴近生活的数学更具魅力。整个教学设计我始终坚持了"数学从实际中来，到实际中去"的思想，先从学生熟悉的位置图这一真实的课堂情境导入，再用自己的位置作为巩固练习。因为讨论的是学生每天都坐的位置，所以很容易激发学生兴趣，使教材内容更加丰富。练习时的城市街区图、火车票、电影票、地球的经纬线等，使学生体会到我们生活环境中，存在着大量

的数学知识与问题，从而激发学生的学习兴趣，促进教学活动的生成，效果较好。

2. 持续不断的任务驱动让课堂充满了活力。整个教学过程共四个任务，从寻找虚拟任务卡到寻找真实的任务卡，任务难度层层递进，充满了挑战性。学生在解决问题的时候或独立思考，或相互交流，课程氛围和谐融洽，充满了活力。

3. 游戏中激发学生的好奇心，激活思考的火苗。好奇心是探索的前提，游戏模式激发了学生的好奇心，在学生探究确定位置的方法时，我不急于告诉学生答案，而是让学生开动脑筋，尝试自己推理，讨论，发现问题，激发学生思考的主动性。本课重要的知识点从学生之口引出，使学生获得极大的满足感，更进一步激发学生学习的兴趣。同时，从学生已有的知识经验中逐步抽象出数学的表示方法，也使学生更易理解和接受。

一节课已经结束了，但我的思考没有停止，我不停地思考着教学的每一个细节，考虑着我教学的得与失。我始终坚持教数学的目的是发展学生的思维而不是记住一些知识，知识的探索必须以实际生活为依托，使学生经历知识形成的过程，体会数学的价值。

教研活动 ㉒

走进木艺工场，寻找数学的美丽

设计缘由

对建筑产生兴趣，带领团队走进木艺工场是受到一位做建筑设计的家长的影响。这位家长是一位爱心人士，非常有教育情怀，我们都叫他黄老师。他常年在我工作的学校里做义工，为学生讲授木工课，给孩子们讲解建筑和木工的知识，带领孩子们动手制作木质建筑，为孩子们讲解建筑发展的历史。他带领孩子们运用建筑与木工的技术让一幅名扬中外的《清明上河图》变成了真实立体的建筑场景，孩子们深深地被他讲授的建筑知识所吸引，我也因此与他有了更加深入的交流。他有一间自己的木工厂，我有幸受邀去他的工厂去参观，那里的产品真是琳琅满目，工厂除了生产制作家私家具，还专门设计制作很多有趣的玩具，这些玩具有可以动的木马、能转动的木头钟表、各种可爱的小房子、微型的农具、桥梁模型等，据说，仅仅他在课堂上做教具使用过的木工玩具就有两百多种。

我们从他给学生设计的"农耕""清明上河图""航海"三个学习项目的方案聊起，聊了很久。这让我对建筑、对中华古老的木工技法产生了浓厚的兴趣。于是我走进他的课堂，亲身感受学生在动手操作中，为了完成一件作品而对所需知识产生的渴望与兴奋。我们也非常欣喜地聊到了建筑与数学之间存在的诸多关联，这让我对把建筑的相关知识引入数学学习中的思考有了最初的萌芽。当有了这个念头之后，我长久地思考着一个问题：如何才能把建筑、把那些可爱的木艺玩具引入我们的课堂，让学生因此而喜欢上数学，并且在学习数学的同时又懂得这些知识到底可以用来做什么。

活动目的

1. 让伙伴们现场感受木艺文化、建筑魅力。

2. 让伙伴们了解中华建筑之美，体会建筑与数学之间的紧密联系。

3. 寻找数学与建筑之间的融合点，为课堂融合教育教学做好基础准备。

活动内容

1. 听取木艺工场的黄老师介绍木艺历史和中华建筑历史的讲座。

2. 参观木艺作品和木艺建筑模型作品。

3. 分小组交流数学知识与建筑的融合教学的价值。

活动效果

（一）打开数学教学与建筑相关知识融合的思维通道

我们一直在寻找与思考如何提升学生对数学学习产生动力的内在因素。我们发现从学生心理发展的特点来看：第一，数学应该是一门动手实践性比较强的课程，尤其需要为小学生创造可以动手实践的机会，而我们现在的课堂在这方面似乎是比较弱的；第二，我们的课程和未来职业规划比较脱节，很多学生不知道学习数学知识能够解决哪些问题，缺乏学以致用的氛围；第三，我们的数学课堂缺少其他文化的融入，特别是中华民族优秀传统文化的融入。而建筑知识的融入恰恰满足了我们对数学课堂这三方面的期许。应该说，这次近距离地走进传统木艺文化、建筑文化的活动，打开了我们的思维，让我们寻找到了数学与建筑融合的感觉。

（二）激发了伙伴们对数学与建筑融合进行教学的兴趣

看到琳琅满目的木艺作品和建筑模型，伙伴们的天性被释放、激情被点燃，他们也变成了孩子，装、拆、摆，玩得可开心了。不时地听到他们说："这个可以在图形课上用到""这个可以在讲比例的时候用到""这个多有趣，可以让学生玩一玩，玩会了也就学会了"。我不禁感慨：老师就是老师，玩起来想得还是学生和课堂。这次木艺工场参观之旅，真是激发了伙伴们对数学与建筑融合进行教学的兴趣。他们跃跃欲试，觉得未来数学的课堂中应该会加入出更多有趣的元素，这是一件多么美好的事情啊！

活动感悟

　　动手操作、实物探究是人的天性，无论是成人还是孩子，让手动起来是需求、是快乐。作为教师，我们要善于给学生创造这样的氛围，让孩子快乐，让自己快乐！

简报节选

　　几千年来，数学一直是用于设计和建造的很宝贵的一个工具，它一直是建筑设计思想的一种来源。许多数学概念都能在建筑上体现出来，如正方形、矩形、平行四边形、三角形、圆、半圆等。这些几何概念在建筑中随处可见，数学在建筑上的运用如此之深、之广泛，让人惊叹。

　　在木艺建筑中挖掘数学知识，并探讨如何将建筑融入数学教学中是虚拟数据研究的重点。例如，以故宫建筑为例，故宫建筑是以中轴线为对称轴进行设计的建筑群，其中三大殿、后三宫、御花园都位于这条中轴线上并且左右对称。整座建筑气魄宏伟、规划严整、蔚为壮观，几组等比例放缩的建筑群也隐含了关于"比"的数学知识。又如，著名的埃菲尔铁塔和巴黎圣母院都是按照黄金比例进行建造的。

　　中国建筑最早可以追溯到10 000年前新旧石器交替的时代，是中华文明的重要组成部分。建筑与教学相结合不仅能够很好地将建筑文化渗透到学习中，更能提高学生的学习兴趣。学生通过对教材各单元的学习，可以全方面了解某一建筑群的特点及其历史文化

　　通过本次参观活动，老师对建筑的历史文化有了更深刻的认识。在相互讨论和启发之下，老师对建筑与教学的融合有了更明确的研究方向。

教研活动 ㉓
共同的课题，深度的交流

设计缘由

我与佛山顺德北滘镇教育局组建的"种子团队"的教师有着很深的缘分，在我还是市教育科研专家工作室成员的时候，就曾经与顺德北滘镇教育局组建的"种子团队"有过多次的交流活动。"种子团队"的教师是经过了笔试、面试、上课多轮竞争选出的精英教师，顺德北滘镇教育局对这些"种子教师"非常重视，也投入了大量的财力物力对他们进行培养，希望未来他们能够成为顺德北滘教育的中流砥柱，更在科研方面给他们提出了很高的要求。他们在培训期内研究的课题是关于"合作学习"的内容，与我们工作室的研究不谋而合，虽然远在两地，我们两个团队之间却经常通过网络对共同的研究课题进行交流和探讨。

这次，"种子团队"的教师在教育局领导的带领下来到深圳参观学习，我们有机会面对面地交流，真是让人心情愉悦，开心不已。我们也决定在课题研究方面进行一次深入的探讨。为此我策划了本次主题活动。

活动目的

1. 让两地工作室的伙伴们就课题的研究展开更为深度的探讨，对课题研究的开展拓宽研究的思路。

2. 交流两地就课题开展的思路与做法，互相取长补短，相互学习，共同成长。

3. 建立紧密联系，增进两地工作室成员的情意。

活动内容

1. 参观学校课程建设，重点关注合作、体验式学习的场景建设。
2. 专题讲座《结伴同行》。
3. 现场互动、分享。

活动效果

（一）对课题研究细节的重要性有了更多的认识

一线教师做课题更多的是与课堂紧密结合，这就对课堂的设计、组织、实施有了更高、更细的要求。本次活动，我们把关注点放在了课堂组织的细节上。例如，如何分组、如何对组员进行培训、如何对组长进行培训、合作学习的过程中需要注意的细节等。通过交流，让伙伴们感受到，好的学习方式不仅停留在思想上，还在细节的点点滴滴的思考上和处理上。

（二）更加明确研究的思路和教师个体在其中的成长路径

虽然大家都参与了课题研究，但是每个人对课题的理解和基于课题研究提升个人科研能力的路径并不是非常清晰。很多老师其实就是简单跟着大家走，没有深入思考，"为什么这么走""走去哪里""走的过程中自己的成长点又是什么"。通过交流，我们建立起了"学习理论—课堂实践—课后反思—改进完善—形成文字（甚至编写著作）—运用到课堂教学"的教学研互动交叉的课题研究思路，以提升课堂效率，明确教师教研能力的成长路径，让很多伙伴意识到课题研究真正能带给自己的成长动力。

> **活动感悟**
>
> 教、学、研是共生互建的。教是实践，学是思考，研是思想的生长，它们在一起构成了一线教师成长的基本路径。每个优秀的教师都曾在或者正在这条路上努力跋涉，日日更新与完善。

简报节选

合作学习促交流，结伴同行共成长

2019年5月29日上午，"康黎名师工作室""康黎质量检测结果应用研究所"和佛山市顺德区北滘镇"种子教师"团队于黄埔学校进行了交流活动。顺德区北滘镇教育局何秀萍主任、顺德区北滘镇"种子教师"团队二十余人及康黎工作室和研究所的部分成员出席了此次活动，活动由工作室主持人康黎校长主持。

康黎校长就"结伴同行——构建高效自主课堂"主题做了专题讲座。康黎校长以"2015年地平线报告"中关于未来教育变化趋势作为切入点开始本次讲座。"地平线报告"中指出未来教育的六大变化趋势：①教育走向融合，课程重新整合；②向深度学习方式转变；③使用合作学习方式；④从教育消费者到创造者；⑤使用线上线下混合、个性化学习、大数据学情分析等混合式学习方式；⑥STEAM学习的崛起。康黎校长指出高效课堂的时代元素包括自主合作探究、现代技术、课程整合、新型师生关系、教育+互联网、学生体验等。

通过对14所中小学校836名教师、2595名学生进行"关于你喜欢的课堂学习方式"的问卷调查，我们发现"小组合作学习"的学习方式倍受欢迎。"你如何看待合作学习"这一问题瞬间让教师联想起与合作学习相关的词语：合作、小组、交流、汇报、效率、融入等，当这些词汇停留在我们的思考中时，我们对"合作学习"有了初步的了解和认识，但是真正的"合作学习"是什么，怎么样开展"合作学习"，是我们要探讨的问题。

康黎校长深入浅出地结合实例，让我们对"合作学习"有了新的认识和感悟。康黎校长首先提出，开展"合作学习"的前提是信任学生，学生是参与学习活动的主体，了解与信任学生是开展"合作学习"的前提。在康黎校长组织我们参与的互动活动中，我们体验到了信任的力量。理解、信任学生不但建立在了解学生的知识基础、学习心理状态、对开展合作学习的需求等主观因素的分析上，还建立在了解开展合作学习的必要性、学生在参与合作学习中会遇到什么困难、预设开展合作学习中出现的情况、达到什么样的预期效果的客观考量的基础之上。信任学生是给学生充分的时间和空间，让他们体验交流、探究、合作的过程，从面经历成功、失败等情感体验。我们应该记住"合作学习"从"有考量的信任学生"开始。

除此之外，康黎校长还分享了合作学习的要诀，其中包括要进行小组文化建设、要对小组成员的课堂学习基本要求一定要清晰其具体可操作、要对组长和组员培训、要制订合作学习规则等。在场教师纷纷表示这次专题讲座让他们对合作学习的后续研究有了很大的信心。

教研活动 ㉔

递进式磨课，感悟课堂教学的真谛

设计缘由

　　工作室的伙伴们都有这样一个困惑——为什么同样的设计，课堂教学的效果却完全不同，有的甚至相去甚远？可见，课堂教学是动态的，是多元化的，有时甚至是出乎意料的。那么如何才能让好的设计得到好的效果？我想磨课是必然选择的一个途径。于是，我们选择了北师大版六年级的《比例的认识》一课作为磨课课例，分成三组进行递进式磨课。所谓递进式磨课就是在第一组教师进行磨课、上课、数据监控、反思、修改教学设计之后，第二组教师在前面的基础上再进行一轮磨课、上课、数据监控、反思、修改教学设计的过程，第三组教师也同样进行。我们在每一轮的磨课中不断去经历教学设计中的情境创设、问题设计、操作方法、语言表达、练习反馈等方面的优化过程，因而让伙伴们体验教学艺术的无限魅力。

活动目的

1. 让伙伴们感受教学艺术从点点滴滴的修炼做起。
2. 让伙伴们感受对课堂教学的追求永无止境。
3. 收集数据、整理数据，学习用科学的方式评课及课后反思。
4. 学习用微格分析的方式分析、反思课堂。
5. 提升课堂专业水平。

活动内容

1. 根据课堂教学的不同维度设计学生问卷、教师问卷。
2. 课前分组备课。

3.课堂观察、数据收集。

4.数据分析，进行评课，修改设计。

活动效果

（一）数据+经验=更有效的评课方式

为了研究如何在课堂上结合建筑的相关知识来提升学生学习数学的兴趣，团队在集体反复研讨教材、研究教学方法的基础上设计了最初的《比例的认识》的教学，并结合这一节课的知识点、能力点、情感点以及课堂效果、学生感受等做了对应的学生问卷和教师问卷。课一结束，问卷的结果就出来，我们的课后评课就结合师生的反馈数据进行，特别是在确定要修改和完善的部分时，一定是居于数据提供的方向来进行的。这就形成了"数据+经验=更有效的评课方式"局面。

以下就是《比例的认识》第一次试课后的问卷结果。

1. 本节课的故宫建筑模型是否让你对学习数学更感兴趣？（单选题）

选项	小计	比例
A.是	33	82.5%
B.一般	6	15%
C.不是	1	2.5%
本题有效填写人次	40	

2. 通过比较故宫建筑模型是否让你更轻松地掌握本节课知识内容？（单选题）

选项	小计	比例
A.是	31	77.5%
B.一般	6	15%
C.不是	3	7.5%
本题有效填写人次	40	

3. 你更喜欢下面哪种建筑物出现在本节课中？（单选题）

选项	小计	比例
A.故宫	33	82.5%
B.学校	4	10%
C.教堂	3	7.5%
本题有效填写人次	40	

4.通过本节课的学习，你能写出一个比例吗？（单选题）

选项	小计	比例
A.能	37	92.5%
B.不确定	2	5%
C.不能	1	2.5%
本题有效填写人次	40	

5.通过对比故宫建筑模型对你的学习产生的影响是什么？（单选题）

选项	小计	比例
A.很新奇	36	90%
B.没什么特点	3	7.5%
C.不想理	1	2.5%
本题有效填写人次	40	

6.通过今天数学+建筑的学习你还能联想到哪些知识？（多选题）

选项	小计	比例
A.图形的缩放	29	72.5%
B.认识圆柱、圆锥	16	40%
C.欣赏与设计	30	75%
本题有效填写人次	40	

7."+建筑"的数学课，你想再上一节吗？（单选题）

选项	小计	比例
A.想	33	82.5%
B.一般	5	12.5%
C.不想	2	5%
本题有效填写人次	40	

（二）分析+反思=更有效的提升方法

这节课存在很多缺点，其中对教材的理解、情境的设置、知识点的渗透以及习题的安排都反映出很多不足之处。听取了很多教师的意见，让我越来越体会到，我们在备课的时候太过于将目光局限在自身的课能否顺利完成上，而忽视了教学的主体——学生，忽视了他们的特性与想法，忽略了我们教授这节课的真正目的。其实情境教学与游戏教学都有一个需要注意的地方，就是我们要知道它的意义在哪里，并且要知道需要怎样将它们与知识相融合。

以下我就课上出现的问题——进行分析。

1. 教学情境与教学内容脱节

就如当初我们对于将故宫建筑与数学融合的设想一样，我们利用现实生活中人们所熟知的建筑，追求学生的真实体验，将抽象的内容变得具体而形象。学生其实对故宫是比较感兴趣的，因为有90%的学生认为故宫模型中的故宫建筑很新奇，很有特色；85%的学生也表示，喜欢故宫出现在本节课中，这也告诉我们，使用故宫情境这个方向是对的。

但由于情境与知识内容的脱节，在反思过程中我意识到，我的故宫情境并没有与我这一节课所要教授的内容完全融合到一起，导入知识点的教授以及练习的设置出现了脱节。这是因为情境没有很好地引发学生对比例的深入思考，从建筑中，利用物体大小不同，但形状相像的原理，引出比例的过程比较生硬，缺少学生主动发现的过程。在导入部分，还需要简化语言，利用故宫图片引入可能比使用视频引入更好一些，同时还可以向学生介绍故宫的建筑、宫殿的作用。例如，慈宁宫是古代妃子的住所，现代很多清宫剧里都有展现；交泰殿是存放玉玺的地方，太和殿是皇帝早朝的地方等，拓展知识的同时也激发了学生学习的兴趣。

2. 教具不起作用，没有引起学生思考

在这节课中，教具的使用及其用处解说明显苍白无力，并且教具出现了问题，这是因为我在设计时想法不够全面。

通过调查问卷可以发现，只有77.5%的学生觉得故宫建筑模型能够使他更轻松地掌握本节课的内容，还有22.5%的学生认为这些教具没有作用。所以对教具的处理，应该更加细化，特别是图形模板的对比，是引出比例的关键，应该引起重视。

3. 调查发现学生学习兴趣不高

在"本节课的故宫建筑模型是否让你对学习数学更感兴趣"的调查中我们还发现，有部分学生对于这节课的兴趣不大，有17.5%的学生并不感兴趣，也没有很想要再上一节"+建筑"的数学课的欲望。

在数学教学中，有趣、有效的教学情境是激发学生学习兴趣的重要途径。部分学生产生这样问题的原因，是我并没有将他们引入到情境中发现、去思考，从而掌握知识，体验故宫建筑的内在之美以及它所蕴含的数学之美，并且我认为自身语言组织能力需要提高，需要多修炼精简的语言艺术。

4. 比例的意义与性质讲解不够深刻

仍有7.5%的学生在上完本节课后不能写出一个比例，说明其对课程的知识的重点没有把握。本节课将比例的意义与基本性质揉成一节课，课程内容过多，导致学生对于比例的组成与意义的认识不够深刻，两个内容都没有讲清楚、讲透彻，讲解过于表面，这说明我对于教材的理解与把握能力不够。

5. 练习枯燥

课堂在进入后半段练习的时候，由于习题的设置不够贴切，较为枯燥，导致学习气氛沉闷。这也让我意识到，每一节课，无论开头还是结尾，都要认认真真地去思考，不能头重脚轻，忽略细节。

（三）总结+实践=更有效的教学方法

我将对教案进行一次全面的修改，也将在之后每一次教学中，总结经验，认真备课，把课上的更好。今天的试课，使我受益良多，不仅使我发现了存在的很多问题，而且让我体会到，我们年轻教师在教书育人的道路上还有着很长的路要走，需要不断地磨炼。

活动感悟

数据引导我们发现问题，驱动我们进行课堂行动改变。一线教师要重视数据并善于运用数据。

简报节选

第四次教师授课后的反思——建筑中的数学美

《比例的认识》是北师大版数学6年级下册第二单元的起始课，比例与现实生活联系密切，并且比例在建筑中的应用非常广泛，为了创设有效的建筑情境，提高学生的学习兴趣，使数学与建筑巧妙结合，这节课我们课题组经过了三次备课、试课、问卷、反思、再设计，最后一次课终于初见成效。

第一次授课，建筑情境和教学内容完全脱离，问卷调查显示，故宫情境、故宫建筑有82.5%的学生感兴趣，但是故宫情境没有很好地为教学内容服务，学生不明白故宫情境在这节课上的意义，教具及学具也不到位，重难点不突出，学生的思维没有得到更好地拓展，整节课平淡乏味，学生兴趣不浓厚，创设的建筑情境是无效情境。

第二次授课，许江瑞老师以故宫中的故事引入，故事很吸引学生，整节课的重难点讲解到位，学生在调酱料、调蜂蜜水、刷漆及动手制作窗户等一系列活动中理解比例，认识比例，学生对比例知识的体验到位，学生的学习兴趣浓厚，但是整节课还是没有很好地和建筑情境紧密联系在一起，故宫建筑形同虚设，学具制作不完善，非常不方便学生操作，很多学生没有完成窗户制作，导致通过创设建筑情境，提高学生数学兴趣的目的没有达到。

许江瑞老师的课上完后给了我们很大的启发，尤其是制作窗户这一环节，能让学生真正的学以致用，学生在操作中进一步认识比例，运用比例解决问题的能力得到了提高。

第三次授课，为了能使建筑情境和数学知识巧妙结合，我们对这节课进行了大的整改。授课一开始就以介绍故宫的一段视频引入，让学生从故宫的宫殿中找到比例，但是由于年轻教师驾驭课堂的能力经验不够，设置的问题太大导致学生无法回答。其次，课堂上教师对比例的重难点讲解不到位，致使学生对比例这一概念理解不透，有一部分学生学完后不会写比例。但是在学生动手制作窗户模型这一环节教师给足了时间，学生在制作活动中理解了比例，操作活动使枯燥的、抽象的数学知识变得生动形象，学生很喜欢。这个环节是本节课的亮点。

第四次授课，我基本上采用第三次的教学设计，还是以故宫建筑为主线，引领学生观察思考，从"五张宫殿图片像不像"的问题切入比例知识，修复故宫窗户时灵活运用比例知识动手完成窗户制作，这节课我主要在过渡语和问题设计上进行了整改，效果比较理想。

这节课的亮点之一就是：建筑与数学能够自然流畅地融合在一起。备课时，我就在想，要想建筑与数学巧妙融合，每个环节的过渡语非常关键。

课的开始，我首先对故宫进行了简单的描述："北京故宫是世界上规模最大，保存最为完整的木质结构古建筑之一，被誉为世界五大宫之首，距今已有600多年的历史，这闻名世界的宏伟建筑蕴含着丰富的数学知识，今天让我们一起走进故宫，去探索蕴藏在故宫中的数学奥秘。"这个过渡语就让学生想去了解故宫中的数学知识，激发了学生的求知欲望。接着引领学生从辉煌雄伟的宫殿中发现比例、学习比例、探究比例。

认识了比例之后，我又把学生拉回到故宫情境中，我是这样描述的：同学们刚才在宏伟的宫殿里学会了数学知识——比例，比例决定着建筑的个体、局部与整体的数学关系，比例是建筑的核心和灵魂，历今600多年的故宫已显老态，为了重塑它的辉煌，我们要修复故宫，今天先从修复窗户开始。

这些过渡语把数学与建筑紧密地联系在一起，从学生问卷来看，92%的学生对故宫建筑感兴趣，95%的学生对故宫模型很新奇，95%的学生还想上一节"建筑+数学"的课程。这些数据说明建筑情境的创设是有效的。

这节课的亮点之二就是：问题的设计比较精准。

在学习这节课的重点和难点时，提出问题的精准度非常重要，我设计了这样几个问题。

问题一：请同学们观察这5张宫殿的图片，哪几张图片像？哪几张图片不像？为什么？

问题二：你们能用以前学过的比的知识，结合数据说说怎样的两张图片像？怎样的两张图片不像呢？

问题三：你还能说出一些比值相等的式子吗？

问题四：判断两个比能否组成比例，关键看什么？

这些问题由浅入深，从初步感知到数据说明，再到深入思考得出结论。通过以上问题，学生轻松地知道了什么是比例，会判断哪些比能组成比例？本节课的重点和难点轻松突破。问卷中95%的学生轻松地掌握了本节课的知识内容，95%的学生能写出比例，这说明大部分学生比例的知识掌握较好。

这节课的不足之处，就是制作完窗户后，应该介绍一下榫卯结构，这个窗户没有用一个钉子做成，古人的智慧令人赞叹，播放一个短片让学生了解榫卯结构，这样就能让学生既能学到数学知识，又能学到建筑知识，使建筑与数学更加紧密地联系在一起，从而提高学生的综合素质。

这节课的另外一个不足就是讲完比例知识后，应该让学生在练习本上动手写一两个比例，学生说得多、写得少，个别学习能力较弱的学生写比例的时候还会出现只写一个比的错误。

这节课注重在建筑的情境中，利用特制的学具探究比例知识；在制作窗户的活动中体验了比例知识在建筑学领域的学以致用；注重了培养学生的综合实践能力；充分体现了"做中学"以及学以致用的数学思想。

这节课既是建筑学与数学融合课程的典范，也是建筑与数学融合教学的一个好的开端，相信在教师的努力下，这样的课会越上越好，学生的兴趣会越来越浓。

教研活动㉕

微课制作学习从微课设计赛开始

设计缘由

翻转课堂催生了微课在教学中的大量使用，微课直观、高效，聚焦重点、难点，是很多教师愿意尝试的一种教学资源。微课要想运用得好，最好结合自己的教学设计自己进行录制。我过去录制了大量"课堂实录"式的视频资源，但是这些资源大而冗长，难以直接加以使用。微课平台是区域性微课资源建设、共享和应用的基础。平台功能要在满足微课资源、日常"建设、管理"的基础上增加便于用户"应用、研究"的功能模块，形成微课建设、管理、应用和研究的"一站式"服务环境，供学校和教师有针对性选择和开发。交流与应用是微课平台建设的最终目的。通过集中展播、专家点评和共享交流等方式，向广大师生推荐、展示优秀获奖微课作品；定期组织"微课库"的观摩、学习、评课、反思、研讨等活动，推进基于微课的校本研修和区域网上教研新模式的形成，达到资源共享。

无论是对于学生还是对教师而言，微课无疑都是一次思想改革。但是目前教师应用的微课还是源自外部引进，在结合自己教学需求方面还有待加强。真正让微课更好地运用到课堂教学中，最好的办法还是教师为自己的课堂量身定做微课。要实现微课的量身定做，教师必须要学习微课制作，为此，我设计了本次"微课比赛"，希望能够以竞赛的方式倒逼伙伴们去学习微课制作。

活动目的

1. 以竞赛促进伙伴们对把现代技术应用到教学中的学习。
2. 开阔教师的视野，重新认识课堂教学。

3.反思提高教师自我批判能力。

4.收集整理更具操作性和针对性的微课资源。

活动内容

1.请专业人士进行微课制作的讲座。

2.分组进行微课的制作。

3.微课设计展示与解读。

4.微课应用教学案例与分析。

活动效果

（一）掀起了伙伴们学习和制作微课的热潮

本次活动，我们的培训专家就是我们工作室的成员之一周轶，他对微课的制作和使用有着自己的理解，特别是在技术的运用上，他做了很多的研究。我们请他为伙伴们做培训，也深深地鼓舞了他，在微课制作和使用的培训上做了更加深入的准备。做微课，需要了解并掌握许多相关的软件技术，如PPT、录屏、截屏等，周轶从微课的时长、制作方法、画面设计、如何运用等方面结合自己的经验给我们做了非常细致地解读，让大家受益匪浅，掀起了伙伴们学习和制作微课的热潮，也让我看到了伙伴们学习新知识新技术的满满的热情。

（二）在微课制作的讲述中提升教师对教材的深刻认识

在微课制作完成后的展示和解读活动中，教师都提到了一点，我们在制作微课的过程中思考最多的是如何与教学内容、提出重难点相联系，这更加要求我们去深入解读文本，了解学生，因为微课是为课堂教学服务的。由此，我们也真正达到了以竞赛来促进学习的目的。微课制作，最终让教师从习惯的细节中追问、思考、发现、变革，由学习者变为开发者和创造者，在简单、有趣、好玩中享受成长。

（三）在微课使用的过程中感受技术与教学的融合

当技术不可避免地走入到教育中来，对教育教学与技术在课堂上的地位之说就开始了。如何把握好技术与教学融合的度是我们谈论最多的话题。从设计的角度上来说，教师才是整个课堂的主导，技术是辅助，是手段，教师的设计不可替代，技术手段却是可用可不用，我们要做的是如何让微课用得恰到好处。一旦这个认识在伙伴们的心中达成共识，那么微课教学课例的设计就不再是为了凸显微课本身才设计，观课的角度也从过度关注微课转移到关注学生、关注设计、关注过程中来。我觉得这是本次活动最大的收获。

（四）建立了微课的资源包

最初我的想法是让每个人都对微课制作和使用有一个深入了解，不仅这一点做到了，同时也收获了一个附属成果，那就是建立起了我们工作室的微课资源包，本次活动我们共收到微课设计20多份。为我们今后的课堂教学提供了比较丰富的资源，未来我们也想继续这项活动，让微课资源更加丰富，最终形成资源库，为更多的教师服务。

活动感悟

　　新技术给课堂教学带来的改变不仅仅是提高了课堂教学的效率和教学的效果，更重要的是让教师意识到了，我们要传递的不仅是知识、技能，还有社会发展过程当中的变化点、文化交融中的结合点，技术服务于人，人也要更好的驾驭技术。

简报节选

　　微课对于教师来说并不陌生，但微课制作对我们一线教师来说却是需要静下心来认真学习的新技术，今天听了周老师的讲座，我感觉到自己设计和制作微课太重要了。拿别人的东西来教学，一是在理念和思维上不一定统一，用起来不一定是最理想的；二是在技术上也存在着一定的鸿沟，我想自己制作的东西用起来才顺手，也才更有底气，在制作的过程中也可以对设计有更加详细的考虑。

教研活动㉖

跨区联合教研

设计缘由

我一直认为，做教育不能做井底之蛙，更不能一叶障目。作为教师，一定要拥有开阔的视野，要有多元化的思维，要随时了解其他地域的教育发展状况。我想，要开阔工作室伙伴们的视野可以先从本市跨区教研活动开始。为增进深圳市内各区之间课堂教学研究交流，拓宽教育思路，以期在小学数学游戏化学习主题教学中相互借鉴提升，由福田区康黎小学数学名师工作室承办，联合福田区福民小学、福田区莲花小学、福田区南园小学、盐田区盐港小学共同开展的小学数学游戏化学习课堂教学研讨活动。本次活动，我们的主题内容是青年教师的课堂教学展示课，目的是给青年教师的成长搭台子。

活动目的

1. 增进区域间的交流，开阔伙伴的教育视野。
2. 磨炼课堂的教学水平、提升教学设计能力。
3. 让青年教师得到锻炼和成长。

活动内容

活动内容	授课教师	授课内容	授课时间
展示课（一）	福田莲花小学潘妮娜	神奇的莫比乌斯带（六年级）	8：30—9：10
展示课（二）	福田南园小学尹沛红	用字母表示数（四年级）	9：20—10：00
展示课（三）	盐田盐港小学熊文亮	不确定性（三年级）	10：10—10：50
专家点评	王华斌、康黎	精彩点评	11：00—11：30

活动效果

（一）青年教师的课堂教学能力得到锤炼

来自两个区的三位年轻教师在经历自己研读教材、自主设计教案、小组研究修改方案、试教后修改反思等多个环节的锤炼后，对如何上出一堂好课有了更为深刻的认知。其中，尹沛红老师在反思中写道：正是因为在小组老师的帮助下的三次磨课与评议课的经历，再加上康黎老师试课中的亲身示范，让本节课的结构更加完善，内容丰富精彩，几个模块环环相扣，每一个模块的目标与重点突出，每一个提问与每一句课堂语言都亲切、自然、有效。

（二）区域交流启迪课堂教学新思路

来自盐田区的熊老师带来的《不确定性》的教学，设计精巧、凸显趣味、重视学生亲身体验，课堂效果非常好。这给我们福田区的老师带来了极大的冲击，课堂教学，教无定法，还有很多奥妙值得我们一线的教师去研究与尝试。从中，我们也看到兄弟区的学校在课堂教学上的钻研精神，意识到我们与兄弟区学校的教师在教学上的差距。这次跨区域的教研活动启迪了教师，也激发了本区教师的昂扬斗志。他们纷纷表示要更加努力地钻研教材、研究学生、拓宽思路，创造真正让学生喜欢的课堂。

（三）惠及本区广大一线小学数学教师

本次活动参与人数很多，全区的小学数学教师都来到现场参与活动，课堂教学带来的成果惠及多人。其中，潘妮娜老师上的《神奇的莫比乌斯环》一课，学生通过做莫比乌斯带，猜想结果剪莫比乌斯带，验证结果，层层递进，以大胆的猜想，严谨的验证，证明了剪莫比乌斯带的二等分、三等分情况。整个过程所有现场的教师都跟着动手操作，真实体验到了"做中学"的教学精髓。课后很多教师都说，年轻人后生可畏，未来课堂教学的改革有希望。

> **活动感悟**
>
> 教育的天空是广阔的，相互学习、取长补短、相互启迪；教育的格局是广阔的，共同成长、青蓝阶梯、相互扶持。能够让年轻的教师有所领悟也是名师工作室的职责所在。

简报节选

福田区莲花小学王华斌校长强调以批判性思维、解决问题、协作、自主选择、自主探究学习能力为出发点，让学生在课堂中从被动学习向主动学习转变。一堂好课得展现"有效"和"有趣"两个维度。学生是抱有兴趣地去探究，利用数学信息在独立思考的过程中、寻找答案的过程中生成新的问题，这就是魅力所在。

盐田盐港小学的特级教师聂斌老师对三位老师的课进行详尽评课。他感慨道："本次活动特色鲜明，教学理念具有前瞻性。别具一格的活动实践，真正实现了实践、交流、研讨、辐射的目的，对推进小学数学课改进程将产生积极的作用。"

5

~ 第五篇 ~

余香与幸福

我们总是在问自己，每天这样的日子是幸福的吗？很多人都给幸福下过定义，每个人对幸福的理解都是不同的。爱人的相濡以沫是幸福，孩子的乖巧可人是幸福，老人的健康平安也是幸福。教师的幸福呢？教师的幸福感源自哪里？我自己的专业成长受到过很多人的帮助，如我的专业导师张玉彬，他不仅教会我怎么做科研，还通过言传身教告诉我把别人扶上马，送一程，看着青出于蓝，而胜于蓝体会人生的快乐。我也曾到新疆、广西、贵州、韶关、河源去支教、送教。在帮助他人和受他人帮助之中，我都体验到真情与幸福。我深深体会到："送人玫瑰，手留余香"，对教育的慈悲与善念是为人师者最美的情怀。对于教育人来说，这也是最大的幸福。这个世界上总有一些人会不求任何回报，只是单纯地想为有需要的人做点什么，因为，无私付出后得到的心灵慰藉是不食人间烟火般的高贵体验。多年来，我一直坚持教育公益，去过的偏远之地很多，收获的内心体验也更多。我试图让小伙伴们也能感受到在那一份现实世界中的难得体验，因此，我在团队成长的路上，一定要为小伙伴们设计几次让他们有深刻体验的公益主题活动，让他们一起来感受教育的余香与幸福。

教研活动 ㉗

跨省联合教研

设计缘由

这次跨省联合教研活动是上一次联合教研的升级版，源自一颗公益心，一份教育情。一直以来，我们工作室的伙伴们都想为偏远山区的师生做一点事情，希望通过我们的微薄之力为那里的师生提供更为先进、更为有趣的小学数学课堂教学理念，让他们也感受到不同的教育教学设计为学生带来的不同的学习体验。新疆塔合曼乡中心小学是福田区对口教育扶贫学校，深圳龙岗区水径小学是我所在学校的手拉手学校，为了促进这两所帮扶学校教研活动的开展，我策划了这次跨省联合教研活动。在设计这次活动的过程中，最困难的问题是如何让新疆和深圳的教师同步进行活动，为此，我们开通了直播系统，完成了一次非常完美的远程教研。

活动目的

1. 三校跨省手拉手，互助互爱促进专业共同成长。
2. 通过主题教学，磨炼课堂的教学水平、提升教学设计能力。
3. 体验远程教研带来的资源共享的便利，开拓新型的教研形式。

活动内容

活动内容	授课教师	授课内容	授课时间
展示（一）	刘欢	左右（一年级）	8：30—9：10
展示（二）	周轶	微课制作讲座	9：20—10：00

活动内容	授课教师	授课内容	授课时间
互动	新疆、深圳	如何通过体验式教学提高学生学习兴趣，提高学习效率	10：10—10：50
专家点评	王珂（福民小学校长）；詹彩虹（龙岗水径小学副校长）；姚铁龙（福田教研员）	就本次活动意义、对手拉手学校的意义、对课堂教研的意义三个层面进行点评	11：00—11：30

活动效果

（一）开启小学数学跨省远程联合教研的新模式

过去帮扶工作的主要形式是你来我往，跋山涉水，教师到实地完成上课交流任务，这种方法虽好，但成本太高，可持续性不够强。如今，我们把直播系统引入到教研活动中来，教师可以同步参与观课、评课、交流，也可以在讨论区域留言，交流变得无地域，更重要的是它的持续性很好，双方只要约定时间准时到位就可以进行互动了。这次活动也让伙伴们见识了直播在我们教学上的运用带来的便利。其实，直播还有一个好处，面对镜头，面对传播性更强的网络，教师对自身专业要求更高了，对自己教师形象塑造得更上心了，这无形当中对教师的自身要求更高了。我想，这对教师的成长绝对是好事情。

（二）增进友情，提升能力

不同省份、不同区域的教师进行同一个活动，虽未谋面，但共同的行动让情意随着网络传播，我们彼此的亲近不可言喻，大家借助课堂、讲座和点评增进了彼此的了解，收获了友情，我们在新建立的群里频繁互动，随时交流我们对教育的理解、对课堂的设计、对教育热词的解读与分析等，让两地教育人的专业水平和教育教学新理念都得到了快速提升。

（三）提升成员自我培训能力

本次联合教研，我们开启了直播教研模式。参与本次课例展示与主题讲座的教师都是我们工作室的伙伴，这些教师为了做好这次教研活动，在前期做了大量的准备工作，包括如何进行培训、课后如何进行分享与反思、主题讲座的方式如何进行更能吸引教师来学习等。可以说，通过这次活动让我们工作室成员的自我培训能力也得到了极大提升。特别是周轶老师在进行微课制作培训的时候注意到了分析教师的需求以及成年人的认知规律，得到了大家的一致响应，这是一种非常棒的能力。

活动感悟

　　一颗公益心，浓浓教育情，对教育的热爱跨越万水千山，跨越时空界限，地域距离不再是问题。清风、蝴蝶来不来，友谊之花、教育之花都在盛开。我们在一起，我们共成长。

简报节选

我们用课堂牵起彼此的手

　　为增进手拉手学校间的交流，促进大家对课堂教学的深入认识和理解，也为了研究和分享游戏化学习和微课技术在课堂教学中的应用与实践，发挥名师工作室的辐射和带动作用，由康黎小学数学名师工作室主办，福田区福民小学、龙岗区水径小学、新疆塔县塔合曼乡小学共同参与的"三校联合网络直播互动教研活动"在福田区福民小学三楼阶梯教室隆重举行，本次活动全程直播，期间三校通过网络互动交流，分享现场教学的技术、设计、艺术等。福田区教科院数学教研员姚铁龙老师、福民小学王珂校长、龙岗区水径小学詹彩虹校长出席了本次活动并做了现场专业指导与点评。本次活动的亮点是所有展示课例和主题讲座的教师都是我们工作室的伙伴，所有的内容都经过工作室全体成员在前期做了尝试和完善。

　　上课环节，最激动人心的"砸金蛋"游戏将本节课推向了高潮。刘老师在大屏幕上摆放一排金蛋，让学生说出想砸的金蛋，要说清楚从左数是第几个，从右数是第几个。学生都跃跃欲试，刘老师特别注重学生的表达，一直提醒学生用"从左数是第几个，从右数是第几个"表达清楚自己想砸的金蛋，砸中的学生会获得一件小奖品。

　　周轶老师是微课制作的高手，今天他跟大家分享制作微课的理念和如何设计和制作微课。周老师指出：制作微课要先考虑学生的学情，小学生的注意力时间短，耐心少，微课的时长最好是3~5分钟，可以让学生利用碎片时间反复观看。为了传播方便，建议视频大小最好是不大于35M。周老师还指出制作微课时要有互动，要给学生思考时间，一定要有趣，既包括语言的有趣也包括形式的有趣。最后，他还跟大家分享了常用的制作工具、设计流程、PPT制作的素材、录音、剪辑以及技术上的一些经验和注意事项。

龙岗区水径小学的詹彩虹校长表示：年轻教师需要这样的一个平台锻炼提升自己，让自己从优秀走向卓越。詹校长指出要想走得快，一个人走；要想走得远，一群人走；要想走得又快又远，跟着优秀的人走。共同的教育理想让我们牵起彼此的手，愿友谊之树常青。

教研活动 ㉘

悠悠教育情，山水手相牵

设计缘由

　　广西罗城仫佬族自治县是深圳福田区教育局的对口教育公益支助县。福田区教育局派驻了一个退休教师团队驻扎在县里的不同中小学进行直接地教学和管理上的帮扶，我的一位朋友就是其中的一位退休支教教师。从朋友的口中我了解到，在广西罗城仫佬族自治县的各个中小学最缺的就是对教师课堂教学的指导和先进教学理念的引领，当地的教师很难走出大山去看外面的教育变化，他们非常希望能有优秀的教师团队亲自来给他们上上示范课，讲讲课例设计，让当地的一线教师能真正触摸到现代课堂的样子。我想，让团队成员在实践中成长是最好的方法和路径，

　　这是一件于我们工作室伙伴们有功德的一件大善事，更重要的是我认为我们团队可以很好地完成这个任务。于是有了这次"悠悠教育情，山水手相牵"的活动。

活动目的

　　1. 展示小学数学游戏化课堂教学，让广西罗城仫佬族自治县的一线教师感受现代课堂教学的特点。

　　2. 结合课例开展讲座，对广西罗城仫佬族自治县的一线教师进行理念上的引领。

　　3. 培养工作室成员的公益精神，体会工作室教师的责任和使命。

　　4. 通过送课、讲座来提升工作室成员的辐射能力。

活动内容

1. 上午三节数学课，分别从信息技术应用、游戏情境设计、动手实践三个角度来诠释数学课的不同设计思路，第四课进行交流和点评。

2. 下午两个讲座，分别从如何构建有趣数学课堂和小学数学游戏化学习的理念和实施两个方面来分享教育新理念。

3. 赠送三年级全册配套教材的微视频课程光盘给广西罗城仫佬族自治县教育局。

4. 广西罗城仫佬族自治县教育局领导向我工作室颁发支教证书。

活动效果

（一）风雨情相牵，体验责任感

迎着风雨，我们走进广西罗城仫佬族自治县的罗城二小，与那里的校长、教师、学生一起度过了非常有意义的一天。当我们知道广西罗城仫佬族自治县教育局因为我们的到来而把当天所有数学教师的课调走，让每一位数学教师来听我们上课与讲座的时候，我们深受感动。更觉得自己对这里的教育、对这里的教师是有责任的，我们必须要把课讲好，才能回馈对方的一腔真诚。虽然当天下起了大雨，但全县100多名小学数学教师全部来到现场，热切的目光紧随上课教师的身影，与学生一起参与互动。我们深深感到自己的使命，每一个参与其中的教师都被感动了，纷纷表示一定要把自己的专业打磨得更好，以后还要再来这里送课。"风雨情相牵，体验责任感"，这是我们最大的收获，我想，这就是做教师的幸福。

（二）行动与思考，收获成就感

为了给广西罗城仫佬族自治县的教师呈现出真实、优质、高效的课堂，我们的三位上课教师反复研读教材，在工作室的小组内开展研讨活动，不断地完善设计、试教反思，他们在数学课上运用"游戏化学习"理念，设计出了三堂不同风格的案例。上课的当天，因为时间紧，三位上课的教师根本就没有机会和学生进行简单的沟通，就直接进入了教室上课，而课堂却是精彩纷呈，这样真实的课堂不仅打动了学生和教师，更打动了他们自己。有所准备、有所思考的真实课堂就是我们对自身专业追求的目标，也是这次参与者们最好的个人收获，我想，这也是做老师的幸福。

（三）城市与乡间，心灵满足感

看惯了大城市的车水马龙，都市繁华，心也浮躁了，有时还会抱怨生活的艰辛与无奈。走进山间的羊肠小路，看青山绿水，虽原始简朴，却让人心安心静，那一刻，我们的内心无限地满足。看着乡村教室艰苦的条件，教师因为人员不够而承担的繁重授课任务，伙伴们开始庆幸自己生活、工作在各方面条件都很好的城市，庆幸学校为教师提供了很多学习和提升的平台，让我们能安心地从事自己喜欢的教育工作。与乡村的那些教师相比，我们太幸运了，抬头看看仫佬族崇尚的、视为当地文化的"山尖尖"，我们收获的满足感足以在今后的工作中成为前进的动能。

后来，我们的这次活动，得到了各方的宣传，但那不是我们最想要的，过程已经是最丰厚的回报，还有什么比心灵的慰藉更美妙呢？我想，这就是做教师的幸福！

活动感悟

能为有需要的人做一些事情，得到的回馈总是比付出要多得多，看到山里教师的办公条件，看到山里孩子的学习条件，我们这些在大城市享受一流教育条件的教师还有什么不满足？付出爱心，洗涤心灵，伸出双手，收获友情。

简报节选

最美不过初夏

刚过夏至，伴着酣畅淋漓的夏雨，带着教育的理想，带着对仫佬族山乡教育的关爱，深圳市福田区康黎名师工作室的同行不远千里，踏上了新的征程，开展公益教学活动。

突降大雨，大家在雨中步行来到罗城二小。蔡校长早已在校门口等候多时。雨中，热情大方的蔡校长带领我们饶有兴趣地参观了校园文化长廊、民俗文化展厅，领略了千年仫佬族的三尖文化。多才多艺的蔡校长还向来宾唱起了她原创的充满仫佬族韵味儿的歌曲《送客歌》。走进活动室，学校礼堂里，早已坐满了来自广西罗城仫佬族自治县的全体小学数学老师。

第一节课是黄涛老师执教的二年级《时钟王国奇遇记》。黄老师用孩子们最喜欢的卡通人物哆啦A梦和大雄的故事情境贯穿整节课，从修理时光机开始到"接受智慧老人的考验"，再到"野人部落"，最后到"智斗时间兽"，孩子们在紧张刺激的游戏过程中，精神高度集中，很好地达成了会认读钟面时间、能正确读写非整时刻这一教学目标，游戏的过程更培养了学生的动手操作能力。

第二节课是尹沛红老师执教的四年级《用字母表示数》。尹老师采用魔法盒来吸引孩子们的兴趣，通过不停地输入数字，所产出的数字和输入的数字被分成两个不同的数字。让孩子们在游戏中就学会了用字母表示数，为后续的方程学习打下了良好的基础。

第三节课是刘春艳老师执教的四年级《七巧板》。刘老师一出场，一张嘴，就把全场镇住了，气场十足。刘老师的声音太好听了，像播音员一样，娓娓道来，没有一句多余的话语，让人如沐春风。刘老师首先带领孩子们用一张A4纸，一步一步做出一个七巧板出来，再通过剪一剪、比一比、拼一拼等活动，懂得七巧板各个图形分别占原正方形的几分之几以及这七个图形之间的关系。

下午的讲座，首先是丽萍老师的《打造有趣的课堂，让孩子爱上数学》，丽萍老师说这是她讲座的首秀，但是一点也不像，简直就是惊艳！她充满了激情，自信。娓娓道来，全是一线教师在日常教学实践中的干货，加上她不懈地思考，丽萍老师用心、用情、用智打造了"小手高举，两眼放光，你问我答，你来我往，观点交锋，智慧碰撞"的有趣的课堂。

关于本次活动，借用当天主持人蒙主任的一首即兴创作的诗来结束。诗曰：

"轻车渐入罗城，潋滟一身花色。

最美不过初夏，最忆不过福田。"

教研活动 ㉙

"数学豆豆园"开播啦!

设计缘由

信息时代让学习方式和传播方式都发生了翻天覆地的变化,我一直在思考:如何才能把公益做得更好,让更多的孩子能够享受到同样优质的课堂教学,我们一线教师为此可以做些什么?我们又该用怎样的形式来传播工作室的教育教学理念?这些问题反复在我的脑海里纠缠。在特级教师项阳校长的指点下,我想到了利用"丑小鸭共享学校"网络直播平台。这是一个由来自全国各地名师参与的课程直播公益平台,旨在让更多的孩子免费享受到名师优质的课堂教学,促进教育公平。其实,这个平台也是我直接参与搭建的,目前我也是这个公益共享学校的管理者之一。经过慎重考虑,我在直播平台上开设了一个主题课程的栏目——"数学豆豆园",利用这个平台我们把小学数学有趣的游戏课堂设计成15~20分钟的直播课,每次在录制之前由名师工作室统一把关教学内容,录制结束后我们会对录像和上课效果、评论区的评论、上线观看的人数等多个指标进行分析。我们利用网络直接让全国的小学生受益。平台分为线上直播和往期回顾,有兴趣的孩子可以反复在平台上观看自己喜欢的内容。为了保证"数学豆豆园"直播课的质量,真正能够帮助孩子建立学习数学的兴趣,我们把它作为一项工作室长期坚持的研讨活动,并做好了长远的设计。

活动目的

1. 现代信息技术下公益课堂的实践。

2. 通过做公益直播教学提升工作室成员的个人专业能力。

3. 适应互联网状态下的课堂教学,为小学数学游戏化学习课堂设计和实施积累经验和素材。

活动内容

1. "数学豆豆园"直播栏目的吉祥物的设计。

2. 学习面对直播镜头如何表达。

3. 每周由一位教师在直播平台上展示一节15分钟的数学游戏课。

4. 其他工作室成员进行线下点评。

活动效果

（一）参与面广，受益学生多

利用周六休息时间，工作室每周有一名教师在"数学豆豆园"上一节精心准备的公益课，这一年半时间下来，工作室所有的成员都在这个公益平台上展示过自己的作品，应该说参与面很广了。两年多来"数学豆豆园"栏目积累了60多节关于游戏化学习的课例，想学习的学生在平台上可以随时反复观看这些课例，应该说受益学生也很多，在这样的网络平台上进行公益支教也让我们的教育公益真正做到了按需供应，打破了时间和时空的限制，这是技术的力量。

（二）课程内容丰富，打开了教师设计视角

"数学豆豆园"主题教学栏目设置的目的就是能够让学生体验到不同于常态课堂的数学学习体验，它强调的是联系生活、融合多学科、游戏化学习。所以，教师在设计课程时，视角开阔，内容丰富，里面不仅有数学故事、数学游戏，还有数学与名著、数学与魔术等吸引学生关注的课例，这也给枯燥的数学学习带来了几丝清凉的风，让人为之兴奋和惊喜。如今，"数学豆豆园"栏目已经有了很多的固定粉丝，也成为平台的热门推荐栏目。

（三）线上讨论区让上课老师及时得到学生的反馈

平台开放了互动区，很多观看的家长和学生都留下了对教师鼓励的话，激发了教师的参与热情。当然，我们也在其中看到了来自观课者提出的建议和意见。这种及时的反馈对教师专业提升的帮助是很大的，教师也非常在意讨论区的意见，能够正确面对和思考这些建议，讨论区的开放真正地促进了教师对课堂教学的深入思考。

（四）往期回看功能，有助于提升教师教学艺术

平台设置了回看功能，上课教师也是经常点开自己的课程来看，很多授课教师看过自己的课程后都说希望有机会再重新上一遍上过的课，这说明，他们对自己过往的教学还不满意，看到了自己的不足，这是多么好的一种状态啊，在往期回看中看到自己的长处与不足，在回看中思考教学艺术的魅力。直播与真实课堂也带给教师不同的体验，如教师慢慢懂得怎么站着在镜头前才好看，在哪个区域活动才能不出录制画面，怎样能有最佳画面效果，什么样的语速在直播里是最合适的，这些从另外一个角度丰富了教师的专业。

活动感悟

教师最是需要终身学习、与时俱进的，只有教师的理念和技术跟上了时代的步伐，才能培养、指引学生跟上时代的步伐。对于教育新技术与新理念的优点，只有在行动中才能真正领悟。

简报节选

我在"数学豆豆园"的公益之旅

第一次接触做公益是在工作室启动仪式上，主持人康黎介绍了她的公益之路和她的公益感想。带着对"公益"事业的向往，在康黎老师的引领下，我们开始录制"数学豆豆园"主题公益课程。

通过观看康黎老师上的"数学豆豆园"的公益课，我很快发现"数学豆豆园"的课有两大显著特点：一是时间短，只要10~15分钟；二是体现学科融合，设计有趣，能引发思考，互动性强。这两个特点也正好符合我们工作室的游戏化教学的特点。设计方向明确了，接着就是确定课题，我看到数学教参上有篇数学万花筒的介绍，大数学家毕达哥拉斯在海边玩耍时发现了形数，形数就是研究形状和石头数之间的关系。带着有趣的设计和精心的准备，我的第一节公益课《形数》开始了。上课时，学生投入的眼神和积极发言的状态让我很有成就感，我想这就是公益的力量吧。15分钟的课很快就结束了，我和学生都意犹未尽。数学来源于生活，生活中处处有数学，在生活

中思考，在生活中学习，真是其乐无穷。

有了第一次公益课的经验后，我开始有意识地关注生活中那些能够引发我思考的事物。寒假期间，一档传播脑科学知识和脑力竞技的节目——最强大脑吸引了我。我不停地感叹杨易惊人的计算速度，小英豪的空间推理能力，栾雨的14巧板拼图能力。节目里面的变形数独、立体迷宫、拓扑折纸、找规律、逻辑绘图等都特别有趣。我想，如果我们的学生有机会接触到这部分东西该多幸福呀！于是第二次"数学豆豆园"公益课的课题我就定为了"逻辑绘图"……

教研活动 ㉚

一次为寒假孩子设计的公益活动

设计缘由

工作室成立之初我们就达成了共识：要把教研成果让更多的孩子受益，要有一颗公益心，把师者的责任扩大到每一个可以帮助的孩子身上。所以公益活动应该是团队持续要做的事情。放寒假后，学生进入愉快的假期，但也出现了一个问题，寒假期间每天学生该如何安排自己的时间？我们希望给学生提供一个方向，让他们的假期过得真正充实而有意义，那么我们能为这些寒假里的学生做点什么呢？于是我们特别联系了深圳狮子会的工作人员，说明了我们的想法，他们感到非常高兴，表示和我们的想法不谋而合，在双方合力下我们工作室特别策划了本次公益活动。

活动目的

1. 丰富学生假期生活。

2. 弘扬中国优秀传统文化。

3. 向学生和家长传递数学与游戏、数学与生活、数学与技术的学习理念。

4. 树立教师公德意识，教育情怀意识。

活动内容

1. 数学游戏大联盟。

2. 魅力剪纸。

3. 写春联送福字。

4. 手工制作环保袋。

活动形式

活动沙龙。

活动效果

（一）激发了学生学习数学的兴趣

这次别开生面的数学游戏大联盟活动，激发了学生学习数学的浓厚兴趣。张小晶和高云两位老师带来了"数学游戏——趣味扑克牌"活动，活动一开始，张老师让学生大胆介绍对扑克牌的认识，接着张老师向学生介绍了"加减我最快"的游戏规则和玩法：①两人一组，拿一张牌放在桌面做主牌，将剩余的牌分成两摞，正面朝下，每人一摞；②喊"开始"，两人迅速翻开第一张牌，点数大的和主牌相加再减去点数小的；③先答对者获得这两张牌，答错不得牌，同时答对各得一张，最终获得牌数最多者获胜。你瞧，学生玩得多投入和开心啊！很多学生还在这个游戏基础上，进行了规则的改编，自创了"乘加我最快""乘减我最快"等游戏。

扑克牌在孩子们的生活中非常熟悉和常见，通过这次游戏，让家长知道如何有效利用扑克牌来创设一些游戏，让孩子通过扑克牌游戏激发数学学习的兴趣，提高数学计算水平，增强数学能力。

（二）体验中华优秀传统文化，营造假期快乐氛围

在一个开放的社会氛围中，现在的学生越来越多地喜欢过洋节，喜欢西方的节日氛围。其实，我们中华传统节日中有很多技艺和文化是非常美好的。例如，写春联、贴福字儿、剪窗花、做花灯等。我们的教师教给学生如何写、剪、贴的同时，还给学生讲述新年的来历、剪纸艺术在中国的起源和发展、书法的精髓所在、新年的各种传统食物和礼节，让学生从心底里感受中国传统文化的博大精深。课后我们的教师还给学生布置了写春联、剪窗花送亲朋的作业，让学生可以在假期来动动手，做有意义的事情，同时也很好地营造了假期快乐有趣的氛围。

（三）公益之心滋润教育情怀

寒假来临，教师也难得有一个假期可以休息一下。如何安排好我们教师自己的假期，让其过得更为有意义，也是我思考的一个问题，我想，除了

让教师读书、休闲之外，到社会上做些公益的事情也是很好地充实自己、洗涤心灵的方法，特别是教师带着假期的孩子们做些有趣的活动更是一件好事情。通过这次活动，教师的公益之行滋润了教育情怀，更加促进了教育人对教育责任的理解和感悟。一些伙伴说，"我第一次做公益，觉得做公益是一件让人快乐的事情。我觉得特别自豪！"还有的伙伴说，"以前觉得做公益就是捐钱，现在我明白只要付出我们的真心，捐赠我们的智慧和劳动也可以表达公益心，以后我愿意经常做这样的事情。"

活动感悟

帮助他人，快乐自己。公德心、公益心不分大小，无关钱财，力所能及，真心实意就是最好。做公益不是给自己增加负担，而是让自己心安。

简报节选

让爱与你同行

又到了烈日炎炎的暑假，为了让更多的孩子度过一个充实而有意义的暑假，也为了让更多的教师积极参与到公益活动中，常怀从善心，乐为施德人，把爱撒向更多孩子，7月9日，深圳市康黎名师工作室在导师康黎老师的带领下，承办了第一场"暑假深圳名师关爱小狮子公益活动"。

本场活动由深圳狮子会东方玫瑰服务队主办，深圳市康黎名教师工作室承办。活动得到了深圳华厦眼科医院光明基金、深圳市一三七博慧文化发展有限公司、深圳市北斗教育信息有限公司、深圳市福田区福民小学的赞助和支持。

深圳狮子会东方玫瑰服务队队长魏欣新女士、深圳华厦眼科医院广东区副总裁陈向东先生、深圳市一三七博慧文化发展公司董事长邱少蓝女士向本次活动的教师颁发了荣誉证书，以表彰这些教师胸怀大爱、心系公益的优良品德。

深圳狮子会东方玫瑰服务队队长魏欣新向大家阐述了主办这次公益活动的目的和意义：让更多的孩子走出空调房间，参与到实践活动中，提高兴趣，增长知识，锻炼身体。她向大家倡议："公益并不遥远，慈善就在你我的一念之间，让我们一起努力传播爱心，温暖社会，尽自己的一份绵薄之力。"

教研活动 ㉛

一次为暑假少年设计的公益活动

设计缘由

　　这次为青少年设计的暑假公益活动是上次寒假公益活动的延续。从上次的活动中我们的教师感受到了无私付出、帮助他人的意义与美好的情感体验，我们决定把这样的公益活动持续做下去，也把与深圳狮子会的合作持续下去，因此有了这次活动。这次，当听说有这个活动的策划时，工作室里的伙伴们都非常积极地报名参与，申报可以在活动中展示的课程，这让我感到非常欣慰，也深受感动。

活动目的

　　关注学生假期生活，参与学生的假期活动，引导孩子假期读书、参与有意义的活动、积累生活经验、体验生活和学习的融合。通过公益帮助学生在寓教于乐的学习环境中预防、控制近视，保护视力，同时帮助学生从小建立公益心。

活动内容

7月8日上午活动安排

姓名	活动内容	活动对象年龄	备注
彭海云	安全教育动漫乐园	3~15周岁	9：30—9：55
梁秋婷	英语活动	3~15周岁	10：00—10：25
李丽敏	数学游戏	3~15周岁	10：30—10：55
刘春艳	数学活动	3~15周岁	11：00—11：25
合影留念			11：30—11：45

7月9日下午活动安排

张小晶、高云	数学游戏	3~15周岁	2：00—2：30
华厦院长	防控近视课堂	3~15周岁	2：30—2：55
姚辉	美术活动	3~15周岁	2：55—3：55
颁奖仪式合影留念			4：00—4：20
魏欣新、孙同、陈隆波向本次活动的教师颁发荣誉证书（4分钟）。 名教师工作室向本次活动的支持、赞助单位授锦旗（3分钟）。 本次活动赞助单位一三七博慧董事陈隆波上台介绍如何快速提升学生写作（10分钟）。 本次活动主办服务队东方玫瑰队2017—2018学年度队长魏欣新上台致辞（3分钟）			

公益服务对象：3~15周岁儿童。

受益人数限定：100名。分两场进行活动，每场限50人。

活动分工

（1）场地安排：大屏准备。

（2）拍照：冯乐清、梁秋婷。

（3）主持人：梁秋婷。

（4）现场服务：狮子会+工作室教师。

（5）2017年7月8日上午拍照：梁秋婷、程秋雪；简报：李丽敏。

（6）2017年7月9日下午拍照：高云、毛朋；简报：李丽敏、陈俊。

活动效果

（一）团队合作，精彩面对多人课堂

这次公益活动，对我们的伙伴来说是一次巨大的挑战，因为我们面对的学生太多了，人数达到了近百人。平时我们面对的学生最多也就是四五十人，一下子这么大改变，效果能好吗？我们如何才能上好大课呢？伙伴们想到了大家一起同上一节课。于是有了小晶与高云、丽敏和春艳的组合，他们上半段一人授课，一人配合管理，下半段互换角色。这是一次非常有趣的体验，对学生来说也充满了新鲜感。这就是团队的智慧，这就是合作的力量，这使得在多人课堂上保证效果成为可能。

（二）学科融合，开阔视野

这次公益活动的亮点之一是学科融合，我们邀请了一位英语学科教师和一位美术学科教师（图1），让学生在交通规则中学习英文表达，在英语学习中感受交通安全的重要。学生与家长一起动手跟着美术教师做布袋画（图2），让学生感受到艺术之美就在我们的身边。

图1　英语教师和美术教师与学生互动

图2　学生布袋画作品

（三）新的传播方式，让更多的学生受益

整场公益活动采用直播的方式，活动前我们向更多的家长和学生发送了我们的直播网址，希望那些不能亲临现场的学生和家长通过手机端一样可以观看我们的整个活动流程，并且可以实时地进行讨论互动。这是我做公益的一条崭新模式，这让我们看到了新的信息环境下，我们可以选择更现代、更便捷的方式表达我们的想法和意愿，这也给参与活动的伙伴们带来了新的思考。

活动感悟

　　这次公益活动，我们得到来自不同学科的教师和朋友的大力支持，他们与我们一样不计利益，真心为孩子们做些力所能及的事情。这使我意识到，心中有爱的人就在我们身边，每个教育人都该心怀善念，胸中有爱，这是作为师者内心的灵魂底线。

简报节选

　　这次公益活动，除了我们工作室的伙伴们带来有趣的数学游戏课之外，我们还得到了其他学科教师的帮助与支持。美术姚老师给现场的学生和家长带来了创意美术——手绘布袋画。她向学生展示了自己刚刚完成的一幅布袋画作品，学生们看着精美漂亮的布袋，个个都来了兴致，都希望自己也能马上画出一幅来。在姚老师的带领下，家长、教师、学生一起动手，短短十几分钟，一幅幅精美绝伦的环保布袋画已经展示在大家面前，每画出一个环保布袋画，学生们就多了一份自信；每多用一个环保袋，地球上就会多出一抹绿色。我们知道，虽然活动时间短暂，虽然我们的力量微弱，但是只要我们的努力不停止，我们的生活一定会因为环保袋而改变，也一定会因为手绘而精彩！

　　本场公益活动吸引了五十余名深圳狮友和小狮子们全程现场参加活动，也吸引了网络上很多的家长和学生参与互动。这次活动既增长了学生的见识，帮助学生了解了预防近视的知识，知道了控制近视的方法，也锻炼了学生的能力。更重要的是，这次活动在学生心里播下了公益之心的种子。教师作为教育守望者，应持守教育情怀和追求，把爱心撒向更多孩子，用知识和智慧去点亮更多孩子的心灵。本次公益活动进一步拓展、丰富了我们工作室的研究范围和领域，号召教师关心公益事业，积极参与公益事业。正如我们的导师康黎所说："如果走得太远，会不会忘了当初为什么出发？而我庆幸，时光荏苒，我一样忠于初心，一直行走在公益路上，而且会一直走下去。"

教研活动 ㉜

新疆喀什援疆项目

——名师工作室建设指导

设计缘由

设计这次活动的初衷，源自新疆维吾尔自治区喀什教育局的邀请。2018年9月，我接到了"喀什市教育局商请深圳市福田区名师工作室主持人康黎赴喀什开展教学研讨工作的函"。这是深圳市对口援疆的一个项目。喀什市教育局借助"名师工作室与教研水平提高工程"成立了一批名师工作室，但对如何建立工作室，如何开展有效的工作室活动，如何进行工作室团队文化建设，还需要外力的支持。为此，我受邀参与本次援疆任务的重点就是赴喀什开展名师工作室建设、课堂研究及教育教学的指导工作。接到这个任务，我倍感荣幸，也深感责任之重。如何让远在万里之外的新疆名师工作室主持人能通过我的讲解受益是我思考最多的问题。工作室主持人的专业能力怎么样？工作室成员的基础怎么样？开展活动的各项条件又怎么样？为此，我多次联系到正在新疆支教的校长和教师了解情况，根据他们提供的信息，我不断调整自己的讲座、授课、沙龙研讨的内容，以期让内容和表达方式更接地气，从而真正能让自己的指导发挥出作用。这都成了设计这次主题活动主要思考的问题。

活动目的

1. 帮助喀什教育名师主持人筹建起工作室的规章制度、指导工作室主持人如何开展研修活动以及培训工作室的成果辐射形式等。

2. 指导喀什名师工作室的成员参与研修，为工作室成员指明成长的方向，激发工作室成员的工作热情。

3.向喀什名师和领导展示我工作室的研究成果，并传递研究经验。

活动内容

1.《用行动的力量，开启教育的梦想》名师工作室建设专题讲座（2小时）。

2.课后互动交流（1小时）。

3.游戏化课堂教学展示，三年级《找规律》（1小时）。

4.课后互动交流（1小时）。

5.《小学数学游戏化学习》专题讲座（2小时）。

活动效果

（一）让喀什的名师主持人明确工作室建设的基本框架和基本运作流程

本次培训，根据当地名师主持人的需求，我用了2个小时的时间对工作室的团队建设（管理制度、奖惩制度、三年发展规划、工作室文化建设）、研修活动、课题开展、工作室成果辐射、公益课堂等方面进行了非常详细地讲解和范例分析。通过讲解让喀什的名师主持人明确了工作室建设的基本框架和基本运作流程。很多教师听过后表示对工作室开展有了很清晰的思路。这是我最开心的体验，觉得自己能为这些教师做点什么并收到了一定的效果，这一趟万里之行就是值得的。

（二）建立起互联方式，打通未来交流的渠道

一个工作室从无到有，不是听一次讲座就能够完全解决问题的，未来还需要不断沟通和交流，特别是在推进的细节方面，我们更要加强联系。这次培训活动结束后，我们建立起了互联的方式，可以说是直接打通了未来交流的通道。这样我们的交流在时间和空间上都有了可能性，特别是我们还建立了交流群，这也是一个远程学习交流的有效方式。未来我们在这里可以互相学习、取长补短、共同进步，更重要的是我们又成了一个新的学习共同体，未来这里将有无限的创意。

（三）展示、宣传了工作室的科研成果，成果相互分享

本次新疆之行的一个重要收获就是对过去名师工作室的研究成果进行了宣传和展示，这次活动督促我对工作室以往的各项活动进行了详细地梳理，让我看到工作室全体同仁一起走过的路、留下的痕迹，也为自己和伙伴们的付出由衷地感到骄傲。当然，这次宣传和展示同时也是对工作室研究成果的一次检验，它促使我们不断地反思不足，也找准了下一步我们研究的方向，这是我们最重要的一分收获。

（四）增进了民族间互相了解，增强了民族情谊

本次活动期间，我跟很多的喀什教师进行了交流，在这个过程中也得到了很多当地教师的帮助和支持，同时也了解到了当地的一些民风民俗，增进了民族间的相互了解，也结下了深厚的友情。

活动感悟

分享是人类情感体验的高级享受。到你看到一双双因你的分享而灵动起来的眼睛，你感受到的是激情、是幸福。你会希望这种激情和幸福的时刻更长久一些，于是，你对自己所做的有意义的事情投入得更多。

简报节选

今天我有幸参加了"深喀名师工作室交流研讨活动"，三位专家从不同角度对如何建设、运行名师工作室进行了分享，令我收获颇多。

1. 听了专家的讲座让我更深刻地领悟到读书的重要性。多读书，多思考，在教学实践中的思路才会更宽，才会更具有创新性；多读书，我们才有更深厚的教育理论作支撑，对我们教学实践和教学研究有更大帮助。

2. 明确名师工作室这个团队建设的方法也是今天的重要收获。首先我们要明确工作室的工作目标——要打造什么样的团队，出什么成果；我们要根据目标建立工作室的规章制度，以研究的课题为主线开展工作室的各项活动，并将成果进行辐射，在与他人交流分享的同时对我们也是一种提高。

3. 在三位专家的讲座中多次提到"团队"这个词，通过三位专家的展示让我了解到团队的力量，了解到团队很重要。如何培养我的团队，让工作室成员有团队意识，是我要更深入学习和思考的。

4. 更加明确了名师工作室的任务和责任。今后我要多读书，多思考，多向深圳专家和同仁们学习，超越自我，努力开展好工作室的工作。

——喀什教师

6

成果与成长

　　播下一颗种子，细心地呵护，浇水、施肥、修枝、搭架，把工作做足做细，种子就会发芽、长高、开花、结果，这是自然的规律。我们这个团队的成长亦然，当30多位小伙伴带着最初的约定，坚守着我们刚出发时的诺言，经历了两年多的磨砺与学习，带着一颗颗慈悲的心，每日用汗水浇灌教育的种子，就一定有静待花开的一刻。是时候让我们收获的果子成为飘着墨香的文字了！其实，总结归纳能力、写作能力也是对名师工作室成员的培养目标之一，要成为学习型、研究型的教师不仅要具备读书学习、研究课堂的能力，还要具备能把研究成果物化的能力。这就要求教师一定要善于总结，善于用文字表达。从工作室开始的第一天我们就在为此做着准备，我们早就把写出一本属于工作室全体成员的著作作为任务之一明确了下来。我让每个小伙伴从写工作室活动简报开始做起，每个人轮流写简报并在公众号发出是很好的练笔机会，也是版面编排的实践，写的过程就是一个学习和培训的过程。每个成员的简报都由我亲自把关，从谋篇布局到字斟句酌，有些小伙伴的简报改过五六次才通过。也正因如此，所有成员的文字表达水平也在不断提升，有些小伙伴的教育教学文章或者设计还在正规刊物上发表，淡淡墨香的背后是他们反复的修改和深刻的思考，也是自己成长、成熟最好的见证。

　　正所谓厚积薄发，经过两年多的积累和沉淀，小伙伴们在论文、课例撰写、上课、讲座、开设公益平台、个人专业荣誉等方面都收获了累累硕果。

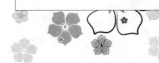

教研活动 ㉝

我们一起写本书吧！（一）

设计缘由

随着工作室对课题研究的不断深入，随着多次磨课给教师带来的灵感越来越多，工作室的伙伴们积累了很多来自一线课堂教学的一手材料，他们把这些材料和感悟写成文章、设计出优秀的教案，成果日益丰富。我在想，怎样才能让大家的成果变成铅字，让更多的人了解我们做的课题研究是有价值的，让更多的教师看到一些可以直接借鉴、拿来就可以操作的东西呢？我想到了跟大家来一起写一本书，把我们的研究成果用著作的方式呈现出来。当我把这个想法说给大家听的时候，大家都觉得很好。但写书是很难的一件事，完成一部著作涉及方方面面的问题很多，怎样才能写出一本让我们自己满意的作品呢？思来想去，我决定把它做成一次工作室的项目学习的活动，把出书作为一个主题学习来完成。为此，我设计了三个主题活动。

活动目的

1. 让伙伴们清楚地知道写书要做好哪些准备工作。
2. 让伙伴们清楚一本著作该包括哪些必要内容。
3. 确定写作的主题是什么。

活动内容

1. 为伙伴们推荐教育理论和科研著作等书籍。
2. 请伙伴们从推荐的教育理论、科研著作中感受教育著作的基本结构。
3. 分小组讨论写作主题和相关内容。
4. 交流分享收获，对写作提出具体的思路和想法。

5.确定写作主题，布置下一次活动任务。

活动效果

（一）了解写一本著作的前期准备

伙伴从推荐书目中感悟到，要写一本书必须做好以下准备工作。

1.要确定好写作的主题

我们到底要集中写教育教学中涉及的哪个问题？这个主题是否是当前教育教学亟待解决的问题？对于这个问题，经过研究我们给出哪些行之有效的解决方案和实施策略？这些解决方案或者实施策略是否有理论依据和实践体验作为支撑？这些，都是我们在确定写作主题时要思考的问题。

2.要搭建起写作框架，也就是做好写作目录

每本书都有目录，既是为了读者方便检索，也是作者写作的详细思路，框架决定了书的内容走向。

3.需要准备大量的材料为论述做支撑

这些材料包括理论、课堂实例、参考文献、问卷调查、相关数据等。

4.需要牺牲大量的业余时间

一本书下来少则一二十万字，这些字要一个一个写出来，是需要时间的，后期还要花大量的时间对初稿进行校对、修改等，大家平时都很忙，只能牺牲自己的业余时间来完成。

（二）初拟写作主题

经过分组学习思考，伙伴们从工作室研究现状出发提出了写作主题，经过大家的交流、碰撞，最终初步确定了写作主题。我们这本书要表达的主题就是我们一直在研究的"小学数学游戏化学习"的过程，包括什么是游戏化学习、小学数学游戏化学习的基本流程、小学数学游戏化学习要遵循的基本原则、小学数学游戏化学习的经典案例等。拟定主题的过程也是对我们的研究课题梳理的过程，它让我们的研究方向更加明晰了。

（三）明确下一步的活动任务

虽然写作主题初步确定，但是还不能马上动笔，我们还有很多前期的准备工作需要去做。例如，对主题的论证、写作的基本要求、格式框架等。所以，我们也通过小组的讨论明确了下一步活动的任务。

活动感悟

　　有些事情，看起来很难，做起来更难，但只要勇敢地迈出第一步，办法总比困难多，更何况我们不是一个人面对困难，而是整个团队共同面对。这次活动的顺利实施就是一个非常好的开头，相信通过我们集体的智慧，一定可以做到。伙伴们，加油！

简报节选

　　严格意义上来说这是我第一次写书，虽然只是承担了写书任务中的一部分。在刚接到任务的时候我依然战战兢兢，不知道从何入手，不知道从哪里写起，好在得到了康黎校长悉心的指导，又请来专家给我们做辅导，在同组几位教师的帮助下，终于顺利地完成任务。——傅健龙写书感悟

　　第一次参与写书这样的事，刚开始觉得太难了，但是有了同组成员的讨论与指导，从编问卷开始到分析数据，一直在进行不断地尝试。在这个过程中学会了怎样做问卷、怎样进行数据分析。总之，是这个活动让我有了新的体验。感谢这次出书活动！——杨兰芳写书感悟

　　写书是一件辛苦但也很幸福的事情，因为要写好，必得承担压力。同时能表达自己的观点和想法又是很幸福的事情。要想写好一本书，平时的点滴积累、学习和阅读必不可少。此外，还要多思考，做一个有心人！在写书的过程中，我也看到了自己许多的不足，还需要更加努力。——郑晓萱写书感悟

教研活动 ㉞

我们一起写本书吧！（二）

设计缘由

目录是一本书的框架，框架搭建得好不好决定了这本书的品质，更决定了这本书的价值，所以我们必须慎重对待，反复修改，不断完善。为了把书的目录搭建好，在经过长时间的思考和酝酿后，先由我写出了整本书的初目录作为本次主题活动的基本材料，我们将围绕"如何确定好目录"为主题开展研讨活动。虽然说我们自己的努力是完成一本著作的基本条件，但没有专业的引领、自己闭门造车的办法也是不可取的，当然这样做也写不出高水准的东西。为此，我专门邀请了两位福田区教研专家、正高级教师来参与这次活动，并做现场点拨和指导。

活动目的

1. 确定好书的目录。

2. 明确目录所指向的具体内容是什么。

3. 提升工作室成员撰写著作的能力。

4. 提升工作室成员的理论性著作的鉴赏力。

活动内容

1. 分组对目录初稿进行讨论。

2. 分组汇报讨论结果。（从目录哪些地方可以删减和添加、目录下应包含的主要内容、目录前后逻辑等方面进行汇报）

3. 专家现场参与指导。

4. 现场修改确定目录的内容、形式。

5. 进一步完善目录。

6. 确定目录修改稿。

7. 二次细化和完善目录。

活动效果

（一）提高教师的理论研究水平

1. 通过有主题的谈论（包括目录哪些地方可以删减和添加、目录下应包含的主要内容、目录前后逻辑等方面）让我们的教师聚焦如何读懂目录，把目录的作用和价值了解得更为透彻，让他们对游戏化学习有了更为深刻的理解，也让他们站在了理论的高度对自己在课堂实施进行认真梳理和反思。

2. 锻炼了教师思考问题的逻辑性和通盘考量统筹安排的能力。作为研究型教师，应该具备一定的理论知识储备，至少要认真通读和思考过一两本有影响的专著。通过这次目录的讨论，让教师对在阅读理论著作过程中该怎么去鉴赏和思考产生了触动作用，这对教师科研能力的提升也是很有帮助的。

（二）专家的介入开阔和拓宽了教师研究的视野和思路

本次活动我们聘请了两位正高级教师给大家做现场指导。这两位专家都有自己的出版专著，无论是在专业上还是在理论上，或是在出书的经验上，他们的参与都给我们的老师带来了新的启迪。两位专家的指导既开阔了教师的视野，也拓宽了他们的思路，这就是前辈的力量、经验的力量。

（三）明确了目录修改的部分，确定了目录里要填充的具体内容

各个小组成员汇报了自己小组的想法，再结合专家给出的具体意见，我们很快完成了修改目录的过程。

活动感悟

　　一个人或者一件事不会随随便便成功，成功的路上少不了助力，少不了贵人，我们在自身努力的同时一定要懂得借助专业外力，要学会站在巨人的肩膀上去看世界、想问题。

简报节选

　　从一筹莫展到初具雏形，我煎熬了整整一个暑假。从初稿合成、修改、校对，到再修改、再校对，再到三稿、四稿的修改、校对，想起那些带着小组成员深夜探讨的日子、周末与大家一起研究细节的日子、对着样书字斟句酌的日子……觉得一切都是值得的！

——刘春艳写书感悟

　　2017年初我参加康黎名师工作室，跟着康黎校长和其他学校的老师一起学习研究小学数学游戏化教学。在教研活动的过程中，伙伴们设计问卷、分析数据、研究案例、研发游戏，工作室每一位成员都勇于承担、乐于展示，在研修、学习、公益、辐射、成果等方面都有了许多的收获与成长。伙伴们在康黎校长的带领下，将自己的所学所感所得，编辑成档，完成了《小学数学游戏化学习》一书的初稿。这是我们工作室长达2年研究的记录和成果，也希望我们的研究，可以让其他教师、学生以及家长有所收获。

——潘妮娜写书感悟

　　工作室成立之初，康黎校长提出要出一本关于数学游戏的书，我们感到不可思议。刚开始的一学期，我们紧锣密鼓地打磨游戏公开课、整理游戏案例和课例，一切工作井然有序，虽累但快乐。康黎校长拟定游戏书目录的初稿，并请专家们深入研讨和提建议，当研讨结束时，这本书好像已经浮现在眼前。

——熊文静写书感悟

　　在编写小学数学游戏化教学其中的一章节时，我翻阅了很多的参考资料，在这个过程中我收获很多。作为一线教师，在我没有接手要编写游戏化教学一章节时，我常常会疑惑于如何平衡"教和玩"的难题，而通过这次翻阅资料，研究相关游戏，深刻地体会到课程游戏化是要站在质量的高度去考虑，站在学生的身心发展规律以及学习特点的角度去考虑，课程游戏化就是让课堂更生动更有趣，活动形式更多样化。

——郑红芳写书感悟

教研活动㉟

我们一起写本书吧！（三）

设计缘由

　　校稿是一件非常烦琐的工作，也是一件考验人的耐心和细心的工作。为此，我们要反反复复和出版社的编辑人员沟通，对稿子进行修改、完善，甚至是删减。根据出版社的要求，我们将要进行四次校稿的工作，最后才能定稿，每一次都要反复多次地阅读20多万字的文稿，这其中的艰辛可想而知。于是我想，怎样才能让校稿工作变得高效，又怎样才能让繁重的任务变成有意义的学习呢？我们又设计了本次关于"如何校稿"这一主题活动。

活动目的

　　1. 让工作室成员进行校稿，体会研究成果物化成文字的严谨性。

　　2. 再次梳理文稿的框架，完善写作内容。

　　3. 提升工作室成员的写作能力、对整体文稿的把控能力。

活动内容

　　1. 组建突击小组，专门负责审核目录和大框架。

　　2. 分小组完成分段校稿，即让不同的小组负责校对不同的章节内容，完成文字过关。

　　3. 交叉审稿，即各小组完成一轮章节校稿后，相互交叉进行第二轮校稿。

　　4. 统稿审核，即通篇文章的整体审查，也实行交叉审稿两轮。

　　5. 确定写作主题，布置下一次活动任务。

活动效果

（一）完成校稿任务，培养了教师认真细致的工作态度

校稿工作非常费工费时，要逐句对语法和用词的准确性进行校对，这是对教师耐心、细心程度的一次考验。通过分组合作，伙伴们经过4次交叉分板块检查后，老师很好地完成了校稿任务。校稿过程虽然艰辛，也占用了大家很多的休息时间，却让老师体会到，要把想法变成铅字是需要一万分的认真和细心的，因为这里面有一份对读者的责任，也有一份对自己的责任，字字句句都要落地有声。

（二）让教师对出专著的整体流程有了系统的认知

对于一线教师来说，他们很多都是实践的高手，在课堂上做了很多有价值、有意义的事情，但是却没有几个教师能把自己的实践过程很好地转化为经验和成果，进而宣传、辐射给他人，其主要原因在于不知道如何提炼实操中的主题、如何下笔去写、如何落实编排等。伙伴们经过这一轮写书的参与和磨炼，已经从思想上卸下了这个包袱，开始跃跃欲试，开始想把自己的做法落在纸面上了，这是多好的事情啊，我想他们最大的收获就是为今后个人出研究成果打下了基础。

活动感悟

中国有句古话，叫作"众人拾柴火焰高"，当大家都积极参与其中的时候，难题的难度在心理上就降低了，当翻过高山再回首时，你会轻轻对自己说：不过如此，我也可以的。工作室的作用就是要把这些柴堆在一起，燃烧起熊熊烈火。

简报节选

去年夏天，一个感觉漫长的暑期，跟其他工作室成员一样，我们都在拼尽全力完成《小学数学游戏化学习》这本书的编写校对工作。在编写这本书的前两年里我们工作室几乎每个月都有一次大型活动，活动中必有一节专门的游戏化学习课堂。工作室的成员还精心准备了4、5种课堂评价量表，分给

各小组成员进行评价。活动结束后还有专门的专家点评，让我们对这一节课的游戏化学习的认识更加深入。可以说我对小学游戏化学习的研究正是在这两年由工作室主持人康黎组织的活动中积攒、丰富起来的。有了这两年的铺垫，我想大家对这本书都赋予了满腔热血，一肚子的话想和大家说。经过几个月的沉淀，凝聚着所有成员的智慧与汗水的结晶——《小学数学游戏化学习》终于诞生了！非常有幸能参与到这么有趣的课题中来，并参与本书的编著。非常感谢有这样一段难忘的经历，让我爱上研究小学数学教学这件事！

——彭丽君写书感悟

亲爱的朋友们，当你打开这本神奇的书的时候，你就会不自觉地被它吸引，让你爱上小学数学，更加爱上好玩的数学游戏，你会觉得数学是看得见的，摸得着的，游戏化数学学习是多么奇妙的一件事情。从第一节《游戏的起源和发展》，到第二节《游戏化的意义》阐述了数学游戏应该怎么做、为什么要这样做。最精彩的一部分就是经典案例了，"你看，有趣的扑克牌""抓间谍""好玩的七巧板""神奇的桌游""击沉它""哈哈多么有意思呀"等好玩的游戏，让你不自觉地被她吸引，爱上她，然后就想在自己的课上试一试她的魅力。

——胡慧萍感悟

《小数数学游戏化学习》出版了！惊喜、欣慰、骄傲，我虽只参与了其中一小部分的编写（小学数学游戏化学习情境创设的原则），但却由衷地感到非常幸运，幸运能跟着有情怀、有追求、有行动力的康黎校长学习，幸运能与一群爱学习、爱思考、爱研究、爱实践的伙伴们同行，幸运能在不断的磨笔过程中反思自己的教育教学与专业成长。日常教学工作中，忙忙碌碌，步伐匆匆，却很少静下心来及时地反思、总结、积累，所以一直感觉不善文笔、不喜表达，一提笔就觉得困难，面对编写这一章节的内容的任务，顿觉惶恐。一个假期我只做了这一件事，大量查阅相关的书籍文献资料，包括情境教学、课堂评价、游戏化学习等，安静之时，我便开始尝试一字一词一句地结合自己的教学与思考表达自己对教学、对游戏化学习的理解和观点。在这漫长而缓慢的过程中，做得更多的事是，沉下心来阅读、思考、表达。虽然我的文字青涩、观点稚嫩，但这次任务真的给我一个很好的机会去尝试和学习。我对游戏、对游戏化学习的方式、方法、原则、形式等有了更多的了解和认识，我会尝试在自己的课堂教学中去摸索、探究游戏化教学，提醒自己要时刻保持一种学习的习惯和状态，不断学习、大胆尝试、适时记录，提升自己的专业能力和教研能力，这也将是自己以后专业发展的努力方向。感谢这样一次难得的参与机会，让我重新审视思考，收获良多。

——赖丽霞写书感悟

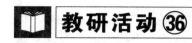

教研活动 ㊱

晒晒我们的成绩单

设计缘由

2017年在忙碌、充实中结束了。一年来，工作室的伙伴们在相互支持、鼓励和相互影响带动下，都收获了属于自己的丰硕成果。看到伙伴们收获的沉甸甸的荣誉，我为他们感到无比的骄傲和自豪。说实话，看到工作室的伙伴们拿到各种奖励比我自己获奖还高兴，因为他们是在我的工作室里成长了，收获了，我自感也有一份荣耀在身上。当然，我也强烈地意识到，我可以借此机会对工作室的伙伴们给予激励，让他们在自己的荣耀中看到未来专业发展的方向，让他们在伙伴的成长中看到自己未来成长的途径。为了很好地总结过去，计划未来，特策划了名师工作室的学年总结会。

活动目的

1. 总结自己一年来在工作室学习和生活中的收获。

2. 落实工作室奖励制度，鼓励先进，鼓励参与。

3. 相互学习，相互欣赏，发现不足，计划未来。

活动内容

1. 统计一年来工作室个人获奖、发表论文、公开课、公开讲座、公益活动等信息。

2. 工作室成员代表进行工作室科研课题思考的微讲座。

3. 小组代表进行学习收获的分享发言。

4. 邀请嘉宾颁奖。

活动效果

（一）观看一周年活动展示片，回忆走过的研究岁月

一年的时光，我们一共开展了22次主题教研活动，有读书的、有课堂研究的、有公益活动的、有团队拓展的、有在本区里交流的、有跨区合作的，还有三地网络教研的，形式多样，内容丰富。翻开每次教研活动写下的简报，一个个美好的镜头仿佛就在眼前，人就是这样，因为经历所以体会，因为参与所以感动。

（二）对工作室研究成果进行校稿，保持持续研究的状态

一年的时光，我们把工作室依托课题而收获的体会编辑成书，准备印刷了。25万字里饱含着每个人的智慧与创意，汗水与时间。在写下这些文字的过程中，每个人都阅读了大量的相关材料，更是发挥自己的聪明才智对课堂教学进行了深入的思考和深刻的反思。当一本厚重的样稿放在我们的手中，感觉一切付出与辛苦都是值得的。未来，我们的文字将被更多的人知道，也可能会因此而帮助到一些教师，那就是工作室的辐射作用起到了，伙伴在屏幕上打出的一句话让我很感动，"2018，我们的研修活动从改稿开始"，是啊，2018开始了，我们在团队教研的路上一路奔跑。

（三）伙伴从四个不同的角度谈成长，总结研究的收获

四个伙伴分别从个人在工作室里的成长感悟、公益教学活动、工作室辐射作用、科组建设与工作室协同的角度来谈工作室的作用。内容如下：

（1）从工作室研究方式辐射至学校科组校本研修方式的感悟。

（2）从团队公益课程活动系列出发谈个人的成长体会。

（3）从工作室磨课出发谈专业成长。

（4）一位工作室年龄最大的教师谈参加工作室的心路历程。

四位伙伴的分享真诚流露，图文并茂，对其他成员来讲也是感同身受。共同的经历，相似的体验，让我们深深地相拥，加油努力！

（四）上级主管领导讲话，给成员研究工作以鼓励

我们邀请了福田区教科院的院长来参与我们的年度总结会。郭院长对我们这一年来在磨课、科研、公益、团队建设、业绩、辐射作用等方面取得的成绩给予了很高的评价和高度的肯定，并给我们总结出了"奔跑吧，

2018！"的关键词，给我们2018年的工作提出了希望。领导的讲话给教师带来了动力，也坚定了我们继续前行、不断创新、勇于实践的决心。

附1：康黎小学数学名师工作室成员业绩统计表

康黎小学数学名师工作室业绩统计明细。

表1　公开课（含送教）

共＿＿＿节

时间	地点	上课教师	课题	范围（市级或以上、区级、片区、工作室内）	听课人数	是否薄弱学校或城中村学校

表2　讲座（含送培）

共＿＿＿场

时间	地点	主讲人	内容	范围（市级或以上、区级、片区、工作室内）	听讲人数	是否薄弱学校或城中村学校

表3　举办的其他活动

共＿＿＿次

时间	地点	主持人	内容	范围（市级或以上、区级、片区、工作室内）	参与人数	是否薄弱学校或城中村学校

表4　论文/专著发表或获奖

共＿＿＿篇

发表/获奖时间	发表/获奖人	论文/专著题目	发表刊物/出版社名称/获奖内容

表5　获奖情况

共＿＿＿项

获奖时间	获奖人	获奖类型（案例、荣誉称号等）	获奖内容	获奖级别（国家级、省级、市级、区级、校级）

表6　承担课题情况

共＿＿＿个

课题名称	主持人或参与者	课题级别（国家级、省级、市级、区级、校级）	课题状态（已申报、进行中）	开题时间	预计结题时间

表7　继续教育课程开发情况

共＿＿＿个

是否有开发继续教育课程	课程名称	实施时间	级别（市级、区级）

表8　为工作室公众号写宣传报道

共＿＿＿篇

撰写人	题目	时间	备注

表9　参与工作室成员公开课的小组备课人员

共＿＿＿次

授课人	参与备课人员名单	时间

填报时间：＿＿＿年＿＿＿月＿＿＿日

活动感悟

　　成就感是最好的前进动力。成就感来源于自己的努力，团队的帮助，领导、他人和社会的认可。工作室主持一定要在这几个方面为成员搭建平台，开展活动，这样厚积薄发后的小伙伴们才能得到强烈的成就感。

简报节选

用心耕耘勤努力，硕果累累幸福田

　　过去的日子，我们主动参与、积极展示、不断学习、努力成长，一路携手前行，在研修、学习、公益、辐射、成果等方面都收获颇丰。工作室开展公开课（含送教）节数共计60节；讲座（含送培）13场；论文/专著发表或获奖12篇；工作室成员在2017—2018学年期间获得了各种奖项34项；承担课题共16个；继续教育课程开发1个；为工作室公众号写宣传报道28篇。我们工作室已经出了2本著作，现在这本书，是第三本，对照工作室的培养计划，我们超额完成了任务，这份收获给了我们无穷的欣喜和鼓励。未来路上，我们将继续奔跑，更加努力，更好地促进工作室成员专业成长和专业化发展，进一步引领学科推动教学共同发展。

教研活动 ㊲

我们的课题结题了！

设计缘由

我们市级课题"小学数学游戏化学习的课堂教学实践研究"于2017年9月立项，计划研究周期2年，将于2019年9月结题。本年度，课题结题工作成了我们工作室要完成的一项很重要的工作。为此，我们同样也把这项工作设计成一次主题活动。

活动目的

1. 培养伙伴的资料收集、整理、归纳、总结的能力。

2. 通过完成结题，激发教师开展课题研究的成就感。

3. 对课题研究的整体流程和实施过程有一个系统全面的认识。

活动内容

1. 分组分工整理课题相关资料。

2. 学习课题结题的流程。

3. 与深圳市教育科学研究院沟通，与结题专家进行沟通。

4. 完成课题成果鉴定会，上报结题相关材料，完成结题。

活动效果

（一）收集、整理能力得到提升

工作室2019年第一学期的第一次会议我们就对课题资料的收集整理工作进行了如下分工：

A. 课题研究报告的撰写＋工作室工作总结的文稿与PPT的编辑。（康黎、

刘春艳、杨丽平、黄涛、杨文萍）

B. 课题的课例整理并排版。（胡曼晓、郑晓萱）

C. 课题相关论文整理并排版。（彭丽君、高云）

D. 工作室简报整理并排版。（潘妮娜、兰芳）

E. 工作室课例光盘准备。（吴锦秀、郑晓萱）

F. 工作室辐射资料。（对外讲座、示范岗、支教等照片和文字）（赖丽霞、白一娜）

G. 工作室个人工作总结。

H. 工作室成员获奖情况统计、发表论文统计。（获奖证书、荣誉证书）（郑红芳、胡慧萍）

I. 工作室著作。

J. 工作室制作的游戏设计、读书笔记。（卫华、李丽敏）

K. 丑小鸭直播平台的所有资料。（熊文静、刘欢）

L. 工作室特色活动梳理。（潘妮娜、苏振菊）

（1）完成工作室第三本著作。（康黎）

（2）大数据介入课堂教学的实验研究。（虚拟研究所成员）

（3）公益支教活动（新疆、连平）：丑小鸭直播平台赠书。

这样的一次分工整理资料的过程，本身就是对与结题相关的工作进行了梳理，每个成员都要参与并体会收集、整理资料的过程。例如，如何不重、不漏，资料梳理是根据年段还是根据内容，整理出来的资料的排版设计，等等，在过程中交流、在过程中学习。最终，我们整理出来的资料非常齐全，版面也很美观。

（二）规范的课题结题会

准备结题流程时，我们工作室全员认真学习了市级课题结题的相关流程。我们严格地按照市教科院的要求，做了详细而周全的准备。我们的结题资料分门别类、装订成册。

（三）成果丰厚，满满的自豪感

两年的研究，1份5万字的研究报告，2本著作，39次课题研讨活动，1本论文集，1本游戏化案例集，1本读书感悟集，1本成员荣誉成长集，1本成果影响力专辑，1个慕课直播平台，30节数学课例视频，60节游戏课例视频。这些既是我们的心血，也是我们的骄傲。

活动感悟

只有自己亲身经历过了，只有自己真实地一点一滴的付出过了，才能品尝到收获果实的甜美。这是一条坎坷、崎岖的教研之路，一路繁花就在山的那边，只有登到高处去才能看到那远方的烂漫美好！

简报节选

游戏课题研究领前沿　集体智慧结硕果

记"小学数学游戏化学习的课堂教学实践研究"课题结题报告会议。

2019年4月30日下午，康黎工作室市级"小学数学游戏化学习的课堂教学实践研究"课题结题论证会议在黄埔学校二楼会议室成功举行。

图1　康黎工作室市级"小学数学游戏化学习的
课堂教学实践研究"课题结题论证会议

会议由许江瑞主任主持，会议专家组成员李均（深大教授）、李春红（教授）、李贤（市课题专家主任）、吕庆燕（博士）、姚铁龙（特级教师、区教研员）、万象贵（黄埔校长）等与会指导评审。康黎（校长、课题主持人）作结题报告，工作室主要成员及相关教师参加了本次会议。

会议开始之前，专家们就早早莅临现场，对课题结题报告及显性课题成果进行审阅。会议伊始，许江瑞主任对课题做简要的说明，隆重地介绍与会评审的专家。**紧接着康黎校长对课题"小学数学游戏化学习的课堂教学实践研究"作了结题报告，重点陈述课题的研究过程，展示小学数学游戏化课堂教学实践与研究的成果，突出呈现课题特色——研究过程的辐射效果。**

本课题从2017年9月获得立项，于2018年4月在专家见证下开题。从课题立项之前2017年7月开始，至2019年4月底结题，本课题的研究历经了近两年的时间。在康黎校长的带领下，工作室成员对课题进行了扎实有效地研究，形成了5万余字的结题报告，课题成果丰硕。

康黎校长从7个方面展开了对课题结题的阐述。（图2）

**图2 课题主持人康黎讲"小学数学游戏化学习的
课堂教学实践研究"结题报告**

1. 课题提出背景说明

课题的提出是因为"新课程改革对教学的要求；信息化时代学习方式的变革；小学生心理发展和学习特点；小学数学教育的需求"。

2. 国内外相关研究

纵观国内外对游戏化学习的研究，其所呈现的情况是起步比较晚，研究的人比较少，对教育游戏的研究更是处于起步阶段。国外对教育游戏的研究主要集中在游戏的教育价值和评价模式及游戏设计开发上。国内研究比较少，有北京顺义杨镇中心小学对游戏机制应用的研究，福田区教科院姚铁龙名师工作室对游戏化学习的研究，再就是我们康黎名师工作室数学游戏化课堂的研究。我们的研究处在前列。

3. 课题研究的主要内容

康黎校长从核心概念界定及要解决的问题到研究目标、研究内容做了全面的概述。我们围绕课题所要解决的问题，以及制定的研究目标，展开了以下内容：小学数学游戏活动与课堂教学设计的合理嵌入；游戏化学习的实践；对小学数学游戏化学习的评价；基于游戏学习的数学与其他学科的整合案例研究；小学数学课堂经典游戏的创新与开发；小学数学游戏化学习的命题等。

4. 研究思路及方法

研究思路，步步为营，落实到位。从在游戏化学习中对学生的调研做起，寻求课题研究的现实意义和实践价值。全体成员先学习数学游戏，特别是经典数学游戏的玩法，思考如何与课堂教学内容和目标对接。每一位成员尝试进行游戏化课堂的教学，而后对小学数学游戏化课堂案例进行分析与反思。利用集体智慧对经典小学数学游戏化课堂案例进行改进与总结，做好课后的问卷数据分析，形成较为合理的多个游戏课堂案例，寻找数学游戏化学习课堂的共同点和优势所在，形成可推行与可操作的粗框架模型。

研究过程的技术支撑广泛深入。例如，研究的集体文献检索来揭示小学数学游戏化学习的深刻内涵；课前集体研究、课堂案例分析小学数学游戏化学习的基本原则及实施策略；编制问卷，进行课前课后的调研数据分析为研究寻找突破口；开发游戏运用课堂；通过小学数学游戏化教学的评价来提升研究的科学性；以22个学校为试点寻找小学数学游戏化教学的相关规律探索操作模式。

5. 课题研究过程

集体"读书"学习理论知识，达成思想统一基础。"课题研讨活动"39次，每一次都有对应的主题，研讨解决相应的问题，形成《主题研讨活动集》（图3）。以"磨课、研课"为基本课题研究主战场，课题成员积极进行游戏化教学研究，区级以上公开课或讲座多达12次，同时引领本校老师共同研究。部分成员具有代表性课有罗梅《数字天平》，杨丽平《有趣推理》，刘欢《左右》，潘妮娜《神奇的莫斯乌比环》，高云《河内塔游戏》《100以内数的加减法》，熊文静《小数点搬家》，等等。

图3 《主题研讨活动集》

　　"多校联合教研"拓展研究的面，惠及更多的教师与学生。我们举办了喀什+龙岗+福田三校联合教研、莲花小学+特级工作室联合教研、与广东省姚铁龙名师工作室联合教研三次活动。

　　课题研究得到了多位"专家的引领与指导"，校长们的大力支持。深圳市内外教育界的专家、特级教师、教授们来为成员们开专题讲座，对我们开展的研究活动做点评指引。我们的研究跟随专家的脚步，踮脚前行。

6. 课题研究成果

　　课题研究成果丰盛，如"小学数学游戏化学习的课堂教学实践研究"结题报告成文5万字；著作两本，分别为课题主持人康黎独著《1+N的力量》一书，及研究成员集体编撰了《小学数学游戏化学习》一书（图4）；课题成员公开发表参评或论文31篇，在国家重点期刊《小学教学设计》发表论文24篇；并开设"游戏化课题教学专栏"主题研究；深圳市重点报刊《南方教育时报》教研有道专栏发表论文8篇；慕课平台游戏化教学专栏——《数学豆豆园》，成员授课60余次，课程总播放点击量过十万（图5）；最终形成游戏化学习案例集、主题研讨集、读书感悟集各一册（图6）；全体成员进行三年级下册整册数学录课集成光盘。

图4 两本著作

图5 《数学豆豆园》主题栏目首页

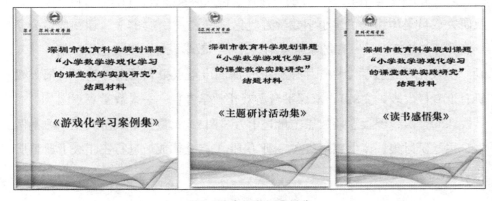

图6 游戏化学习成果集

7. 课题辐射及影响

课题辐射是本课题研究最大的亮点，辐射广，影响深，受惠的教师与学生非常多。例如，课题主持人康黎在"课堂革命·福田表达"小学数学全国展示活动中执教；课题主持人康黎在"第26届现代与经典"全国小学数学（深圳）教学观摩研讨会中执教；康黎校长赴新疆进行送教并讲座；课题组成员赴广西罗城进行送教活动，带去三节游戏化学习展示课，两个专题讲座；课题成员傅建龙老师驻广东河源元善镇小学支教，承担全镇游戏化公开课；康黎校长在南园小学名师示范岗，引领全体数学老师展开游戏化学习课堂教学；康黎校长带着课题的研究思想在省/市/区各类培训会上开展多次讲座，如东莞骨干教师培训班、顺德教师培训会、福田小学教师培训会等；工作室成员参与深圳狮子会公益教学活动等。

课题的研究成果是团队成员集体努力的结果，团队的强大，源自每一位成员的认真和踏实。研究的过程中，一路风景，我们在一起探寻研究的乐趣。这其中每一位成员都在飞速成长，无限进步。其实最大的受益者是我们的学生，因为教师思想的转变，课堂的变革，使学生真正做到玩中学、学中玩，从而真正喜欢上数学，喜欢上游戏化的数学课堂。

康黎校长的结题报告充实而又精彩，听审的专家们时而低头翻阅相应的资料，时而频频点头微笑给予肯定。最终我们的课题研究得到了专家组的一致肯定和好评，集体在评审意见上给予了优秀课题的鉴定，每一位专家也都给予了高度的赞赏，对课题研究提出了新的希望。

吕庆燕博士：

康黎工作室对外宣传广泛，辐射大，很多学校的老师和孩子受益。本课题的研究过程扎实，成果多。特别是成果，实实在在，推广的可行性强。

本课题的建议：

（1）游戏化教学策略在研究的过程中进行了各板块（数与代数、空间与图形、统计与概率、综合实践）的策略分述，它们很多是有共性的，是否有必要分类得这么具体？

（2）游戏化学习在教学中的应用目的是激发学生的学习兴趣，但是否能让学生更好地理解教学内容，在这一点上课题的报告涉及较少。

（3）问卷很清晰，但对于分析比较发现了什么问题？基于这些问题又是

如何研究的？结题报告里没有呈现太多。（康黎校长：关于问卷的分析有专门的论文，就没有再放入结题报告中）

李贤（市科研专家）：

课题的研究开阔了新的研究视野，这种课堂教学方式，让学生学得有滋有味，乐在其中，这是我感受最为深刻的地方。

特别值得肯定的几个方面：

（1）研究有新的面向，新的游戏介于课堂教学，卓有成效。

（2）团队成员的研究精神值得肯定，对小学数学教学的寓教于乐、用游戏的关键词对接，以及大家对教育的"大道至简"都有深刻理解。

（3）主持人带出了一个优秀团队，成果不仅仅属于康黎校长一个人，还属于整个团队。大家一起努力研究，一起前行。

（4）在游戏化教学原则和策略上团队做了深入探究，不断地尝试实验，比较有立体性，有顶层的设计，也有可以落地的实施。所以成果丰硕，实在可行。

本课题建议：

（1）在未来的继续研究中，建议对游戏现象的本质提取一些关键的要素，与课堂教学对接，如柏拉图、亚里士多德、苏格拉底他们对游戏的理解中都提到了"快乐"这一要素。"快乐"是游戏本质特征之一，在研究中突显快乐的元素，在评价量表中可以呈现学生在课堂学习过程中愉悦的程度。除了快乐还有哪些本质的特征，可以更深入地研究。

（2）游戏化教学的对象是儿童，儿童在生活中处处皆游戏，如何把儿童自己的游戏挖掘成数学的游戏，从而与课堂对接，设计更多、更有趣、更适合学生的数学游戏？

李春红教授：

深受感动的几点：

（1）远远超出市级基本要求，课题的选题前沿，研究过程扎实有效，得到了前沿杂志的肯定与青睐，为你们的研究成果开设了游戏教学的专栏。

（2）课题研究，突出了技术与学科的结合。

（3）成果显著，除了个人专著和论文，还有团队成员的成果。

（4）课题研究推广到教育的前沿，符合时代特点。

本课题建议：

（1）游戏化课堂教学，在实施教学方面让学生有更好的学习与体验，怎样突显学生的主体？

（2）教育技术与学科的结合能否更加突出？

（3）课题研究的目的是为教学服务，是否提升了教学质量？对于教师、学生的国家课程校本化实施效果怎样？可以再研究得深入一些。

李均教授：

（1）课题研究意义大。从教学论的角度来看实现了几个契合：

第一，游戏与教学的有效结合，学生达到了玩中学、学中玩的目标。

第二，游戏与数学结合，充分找到了游戏与数的连接点。

第三，数学教学中游戏的引入，使知识过程、情感态度、价值观的培养有效地融合。

第四，教、学、做、评融合得好。

课题研究解决了或缓解了几个问题，教师的教与学生的学的主客体得到了融合，在一定程度上缓解了主客体的矛盾；研究过程中产生的成果有效解决了教学资源紧缺的问题；课题研究充分挖掘了游戏在教育中的意义与价值。

（2）研究过程非常规范。课题研究从理论到实践，再从实践到理论螺旋上升，做到了教、研、训三位一体，每一步都做到了扎实有效，是很好的课题研究的范例。可以针对课题写出一篇课题研究过程论文，对于如何搭建团队、如何进行课题选题、如何进行理论学习、如何结合研究主题展开教学研究、如何进行课题研究的宣传与辐射等方面进行多方位的阐述。

（3）研究成果丰硕。有那么多的课案、论文等。对游戏化教学研究本来就是创新性的研究，在研究中不停地尝试，创造性地开发，可以用课程开发来升华它，生成更多更新的游戏。

本课题建议：

（1）深。往深处挖掘，继续研究游戏化教学方法，从而上升到教学理念层面上，提出自己的理念与教学策略，形成独有的教学论。

（2）广。往广处推广，往其他学校推广，往其他科目推广，实现往全学科的推广。

（3）细。把原来研究的具体问题继续深化，因为各学段（高、中、低）

游戏教学存在很大的差异性，如低段注重形象思维，越往高段越注重逻辑思维。游戏的数学性，数学的游戏性，有规则、有理性。当游戏进入数学就不是我们所理解的单纯的游戏了，它就被赋予更多的数学的意义。我们研究的内容让数学与游戏一起共生，形成了师生共享、共惠机制。

万象贵校长：

康黎校长做课题研究，勤勉踏实认真，都是基于一线教学，基于实践研究。所以课题呈现也是最为真实、有价值的。

本课题建议：

（1）对课题概念的诠释界定，理论依据需更强一些；游戏与数学对接点在哪里，为什么要这样结合这样研究，可以更为深入一些。

（2）在学生个体研究的呈现，学生生理、心理方面，需要翻阅大量的资料做支撑，根据不同年龄段的特征，游戏化教学的针对性可以更强些。

（3）课题研究如何避免过度游戏？不要为游戏而游戏，如何解决数学游戏化的质疑，为什么做？如何实施？

（4）课题研究目的要非常明细。研究目标与研究目的不一样。围绕研究目的，游戏化教学实施的路径与策略可以更为具体。在游戏的课程中提高学生的数学思维，让学生喜欢上数学，爱上数学。

课题研究在康黎校长高瞻远瞩的引领下，全体成员脚踏实地、一步一个脚印扎实地实践，反复思索，再探索，再总结，终于顺利结题。每一位成员都受益匪浅，专业成长得到了更深层次的进步。有了这次课题的研究经验，我们将策马扬鞭自奋蹄，踏上新的研究和探索的征程。

📖 教研活动 38

重温这三年

设计缘由

　　三年的时光，三年的风雨同舟，我们名师工作室研究周期已到。这三年能够跟着工作室的计划一路坚持下来的伙伴，一定会有很多的收获。过去我是别人工作室的成员时，也曾在工作室工作最后结束的时候给自己的那三年做了很详细的总结和回顾，我觉得那种回忆的感觉很好，回忆参与过的一次次教研活动，像在看一部过去自己参演的电影，温馨、美好，电影里的我们激情、努力、青春、坚守。那是一段令人骄傲与自豪的日子。今天，我带领的小学数学名师工作室的工作即将告一段路，我希望伙伴们也能去重温一起走过的那三年，感受一段无悔的青春岁月。

活动目的

1.总结自己三年来在专业发展、个人能力、综合素养、情感上的收获。
2.升华对工作室的情感，展望自己未来的发展。

活动内容

1.每个成员写一份三年工作总结。
2.把工作室每个成员的总结合成一个集子。

活动总结

　　上公开课、制作微课、写书、做主持人……康黎校长给予每个成员锻炼、学习、思考的机会。我也如此。康黎校长到我们学校和我一起备课的时候，公开课的每一环节，详细到每一句话，主持稿的字字句句都要推敲，她尽自己最大的努力帮助着我，她的认真、细致和努力也感染着我，我在敬佩之余也激励着自己，告诉自己还需更加勤奋和努力！《摸球游戏》这节课上得的确不好，上课过程中漏掉了最重要的验证环节，整节课的思维连贯性就体现不佳，课后我非常自责和愧疚。但康黎校长仍旧热情满满地鼓励我，引导我，她和我说"每一次活动对你来讲是个成长的机会，尤其是你的这个成长是没有弯路的，因为大家都是在认真指导，希望你能更好"。我很感激在我入职两年之后有幸加入了工作室，我一直很感激康黎校长，她一有好的活动和想法就和我们分享，真心希望每一个成员能更好。她的许多品质都让我非常欣赏，是我前进路上的导师！

——郑晓萱

多读一些好书，多学习别人的思想，会让自己思维永远活泼，情操永远高雅。在工作室的三年间，康黎校长经常指导我们要多读书、多写作，及时把自己的所思所悟记录下来。我们开展了多次"同读一本书"的活动，在读书氛围的影响下，我个人也阅读了俞正强的《低头找幸福》《种子课》，罗鸣亮的《做讲道理的数学老师》，吴正宪的听课、评课等系列名师的专著，还阅读了《小学数学教师》《小学数学设计》等教育刊物。

我在读书的同时，不断吸收名师专家的教育理念，也经常反观自己的课例，在反思学习中，在工作室的指导下，有幸也能将自己的教学设计发表于《小学数学设计》刊物上，在此特别感谢康黎校长的专业引领与指导。

——黄涛

2017年6月，我非常荣幸代表成员上台进行《游戏化试卷》的设计分享，并得到姚老师中肯的点评与建议。这一次的游戏设计，我将"圣诞节"元素融入"图形与几何"的知识板块游戏，虽然首次创想有很多不足，但是第一次如此尝试结合，在思维创新上就是一个突破。我思考，其实创新设计，很多时候是学会将看似不相关的事物结合在一起，多角度去想，去尝试。2018年9月，康黎校长邀请了专家对我们的论文进行公开评审，我的游戏论文竟被评为一等奖，而后还被《小学数学设计》的期刊录用刊登了。我的游戏设计思想得益于当初第一次尝试后的思考，虽然这些与他人相比微不足道，但是"敢于思敢于行"的理念将一直影响着我。

——胡曼晓

进入名师工作室以来，我觉得自己进步不小，但是也存在着不足。在科研方面，自己努力的程度还远远不够，离工作室的要求还有一定的距离，有时还存在懈怠；在课堂教学上我还是照猫画虎的时候多，缺少自己的鲜明个性，缺少自己的思考。我将会在今后的工作中，继续发扬自己的优势，努力改正自己的不足，以更高的标准来严格要求自己，力争使自己在教学、科研上，都取得更大的进步，无愧于"名师工作室成员"的称号。

——傅健龙

在工作室学习期间，我承担的工作并不算很多，但都很珍惜每一次实践的机会，对于工作室布置任务都会尽自己最大的努力认真完成，争取能够比较好地落实任务。例如，首次尝试记录简报《体验式数学教学研讨》；参与郑晓萱老师和高云老师《摸球游戏》和《100以内加减混合运算》的备课磨课并记录简报《品味数学活动课的魅力》；参与福民小学的听课评课议课活动并记录简报《福民小学听课评课学习之行》；设计游戏量表：《游戏合适性评价观测量表》和《教师和学生在游戏中的行为评价观测量表》；参加"丑小鸭魔法直播间"公益教学活动，执教：《击沉它！》和《数图形的学问》；录制微课《数图形的学问》和《分桃子》；参与编写《小数数学游戏化学习》；阅读《美国名师游戏教学》和《Everybody Lies》并做读书笔记等。这些都给了我很好的锻炼机会。

——赖丽霞

…………

工作室30多位成员的个人总结，我逐篇看过，我内心激荡。在他们的总结里我看到了对教育事业的热爱、对科研工作的坚守、对课堂教学的不断追求，我也看到了合作的力量、温暖的友情。在这个大家庭里我们相互成就，相互支持，我们的这份情谊会永远珍藏在记忆深处，直到永久。

教研活动 ㊴

一个崭新的开始

设计缘由

在三年共同参与研究，共同面对困难、解决问题的过程，名师工作室的这一群伙伴建立起了深厚的友情，也形成了非常和谐默契的研究氛围，可以说大家在研究的道路上形成了非常好的配合，团队作战能力极强。虽然工作室的任务结束了，但大家对研究的热情丝毫未减退。面对大家研究的热情，我不禁思考，难道这么好的一个团队就这样解散了吗？我们在一起还可以做些什么？我必须要听听大家的意见和想法。所以，我策划了这次未来团队走向何方的主题研讨活动。

活动目的

1. 思考团队未来的发展。
2. 思考团队未来的研究方向。

活动内容

互动沙龙：我们的团队该如何继续发展。

活动成果

1. 准备申报福田区"基础教育质量监测结果应用"康黎—问题解决研究所。

2. 研究工作继续，研究主题确定为"基于课程统整理念下的小学数学与建筑融合实践研究"。

3. 形成了本学期新活动方案。

（1）认真学习福田区关于教育数据研究所的相关规定。

（2）布置完成本学期的工作任务。

（3）新成员进行团建工作。对成员进行管理分工。

分工：

助手：许江瑞。

资料管理员：成欣怡。

宣传员：罗宇翔。

课题组分组：

黄涛课题组：彭丽君、高云、潘妮娜、罗宇翔、康黎。

白一娜课题组：郭恒武、蔡惠怡、周玲、张毅、康黎。

刘春艳课题组：杨兰芳、肖江平、简钰琴、岳惠惠、康黎。

吴锦秀课题组：杨丽平、华美祺、陈欣怡、周媚、康黎。

张鸿莺课题组：许江瑞、孙威、高飞、高紫薇、康黎。

（一）3月份

（1）共读一本书活动。（读书笔记2000字以上）

（2）数学与建筑的数据实验跟踪课2。

（3）小课题的申报书的填写。（各课题主持人负责）

（4）专家讲座。（区教科院专家）

（5）数学豆豆园直播。

（二）4月份

（1）专家讲座。（市教科院专家）

（2）数学与建筑的数据实验跟踪课2。（虚拟研究所）

（4）数学豆豆园直播。

（5）公益支教活动（新疆、连平）："丑小鸭共享学校"网络直播平台赠书（已经完成）。

（三）5月份

（1）数学与建筑的数据实验跟踪课3。（虚拟研究所）

（2）数学豆豆园直播。

（3）读书笔记交流活动。

（四）6月份

（1）回收相关资料。

（2）进行相关资料的印刷和出版等事宜。

（3）数学豆豆园直播。

（五）7月份

（1）数学与建筑问卷分析。（虚拟研究所）

（2）学期相关工作的总结。

（3）工作室拓展活动。

（4）数学豆豆园直播。

活动结语

　　三年时光，39次主题活动，仿佛是结束，却是一个崭新的开始。教育人永远在路上，翻过了一座山，看到了一片美丽的风景，驻足，欣赏，感悟，之后又启程去往下一座山，因为教育的路没有尽头，前面的风景又将是一幅崭新的画面。有一群志同道合的人携手前行，我们一路不孤单！

后 记

　　这本献给名师工作室的伙伴们和我自己的书虽然完成了，内心却是激情澎湃，意犹未尽。就如同第39个主题活动的题目一样，未来又是一个崭新的开始。

　　本书既是为了纪念我们团队共同度过的三年研究时光，也是对团队建设经验和教育研究经验的总结。我在写的时候没有一丝的慌乱紧张，也没有感觉到疲累，因为一切都在计划之中。从一开始我就知道，我们每做一次活动，我就会把设计意图、活动目标、活动内容、活动效果、活动感悟、简报节选记录下来。这个过程不用多少时间，仿佛在写日记一般，随着团队活动的进行，文字也跃然纸上。

　　我总是在想，为什么这么多文字，这么多事情，我却感觉不到疲累？细思之，还是源自热爱吧。伟大的乔布斯说："成就大事的唯一方法就是热爱自己所做的事情。"我和我的伙伴们现在做的也许并不是什么惊天动地的大事，但我们现在所做的研究却是能够促进每一节课都朝着高效的状态发展的有意义的事情。我们热爱它，所以乐此不疲，所以心心念念，所以坚持坚守。

　　本书收录了39次专业的教研活动设计，希望它将来能对与我们一样有着教育教研热情的人或者团队产生一定的帮助作用。

　　这本书里有我们团队伙伴写过或者说过的话，这些话成为严肃的教研活动设计下跳跃的露珠，晶莹而美丽，感谢亲爱的伙伴们。

　　这本书里有身边的同事、朋友的鼓励与支持，感谢我身边的好朋友们，是你们的鼓励，让我觉得我做的一切都是有意义的。

　　这本书里有着爱人和儿子送给我的温暖目光和无声关爱，感谢你们！

　　这本书里还有妈妈的期盼，她总问，你的新书写好了没有啊？这本书也送给我亲爱的妈妈。